슈바이처 제자 **이일선**과
인술의 실천가들

이 책은 방일영문화재단 저술 지원으로 제작되었습니다.

서문

노벨평화상 수상자 알베르트 슈바이처(1875~1965)는 질병으로 고통 받는 이들을 위해 한평생을 헌신한 위대한 의사였다. 슈바이처에게 한국인 제자가 있었다. 의사 이일선(1922~1995)이었다.

이일선도 슈바이처처럼 질병으로 고통 받는 이들을 위해 한평생을 헌신한 위대한 의사였다. 그는 청소년 시절 슈바이처를 롤 모델 삼아 인술을 펼쳤다. 두 사람은 또한 인류의 성인 예수의 말씀에 따라 가난한 이웃을 돌보고 계몽하는 목사이자 시대의 스승이었다.

특히 이일선은 일제강점기와 6·25전쟁 직후 '나병' 또는 '문둥병'으로 불렸던 한센병 환자를 사랑으로 돌봤다. 그의 인술을 두고 사람들은 '한국의 슈바이처'라고 칭송했다. 슈바이처가 아프리카 서부 오지 가봉의 랑바레네에서 원주민을 위한 병원을 세워 인술을 베풀 때 한국의 젊은 의사 이일선이 1950년대 말 그 먼 곳까지 찾아가 슈바이처의 제자가 됐다.

그리고 그 이일선은 1960년대 초 문명의 오지였던 울릉도에 들어가 첫 현대식 병원을 열고 나병과 결핵 등 전염병 환자를 치료했다. 슈바이처는 제자가 있는 울릉도로 찾아가 격려하고 싶었으나 워낙 고령인 탓에 서신으로 그를 응원하고 세계 각국에 호소해 구호 의약품 등을 모아 한국으로 보냈다.

십대 이일선은 슈바이처의 자서전 '나의 생애와 사상'을 읽고 의사의 꿈을 키웠다. 그리고 소년은 6·25전쟁으로 모든 것이 잿더미가 되고 만 세계 최빈국 대한민국에서 가난하고 병든 이들을 위해 '한국의 슈바이처'의 삶을 살았다. 꿈과 용기, 노력과 인내, 희생과 사랑이 아니면 이룰 수 없는 인술의 삶이었다.

목차

03 이 땅을 사랑한 외국 의사들

'한국의 슈바이처' 이일선

슈바이처 제자, '한국의 슈바이처' 이일선

"아버지 저 기차는 어디로 가나요?"

소년이 동네 뒷산 배산에 올라 물었다. 밀짚모자를 쓴 아버지는 아들의 호기심에 흐뭇하여 절로 얼굴에 미소가 피었다. 배산은 지금의 전라북도 익산시의 주산으로 큰 배산과 작은 배산 봉우리로 이루어져 있다.

"경성으로 간단다. 더 멀리 가는 기차는 평양과 만주 봉천을 거쳐 시베리아를 횡단해 유럽까지 가기도 하지. 우리 일선이 경성 한 번 가볼 테냐?"

아버지는 웃으면서 양팔을 벌려 일선의 양쪽 귀에 손바닥을 대더니 훌쩍 집어 올렸다. 일선의 머리가 목말을 탄 것처럼 높이 올랐다. 그 높이에서 보니 이리 읍내를 빠져나온 기차가 시커먼 연기를 흩날리며 점점 크게 다가왔다.

"아버지, 저 우리 집너머 솔숲 사이로 기차가 엄청 빠르게 달려와요. 읍내도 보여요. 토목출장소도 보이는데요."

"그래, 그러면 귀 아플 테니 아버지 목말을 타거라. 그러면 경성과 구라파까지도 보인단다."

일선은 냉큼 아버지 양어깨에 다리를 올려 목말을 탔다. 아까보다 더 높아서 산 아래를 내려다볼 수 있었다. 바다만큼 넓은 저수지 황등제가 석양을 받아 붉은빛을 냈다. 목포를 출발한 호남본선 기차는 큰 도시 충청도 강경읍을 지나 대전, 수원 등을 거쳐 경성에 닿을 것이다. 그리고 경성역에서 부산발 봉천행 열차를 갈아타면 아버지가 말한 구라파 즉 유럽이라는 곳도 갈 수 있을 것이다.

"어떠냐 서울 구경? 재밌었느냐?"

일선을 목말에서 내린 아버지가 물었다.

"아버지, 저는 서울이라는 곳부터 가고 싶어요. 그리고 더 커서 유럽이라는 곳도 갈 거예요. 교회 학교 선생님이 동쪽으로도 계속 가면 태평양이란 너른 바다가 나오고 그 바다가 끝나면 어마어마하게 큰 미국이란 나라가 나온댔어요. 가끔 교회에 서양 의사들이 오시잖아요. 그분들도 그랬어요. 자기들 조상은 유럽이라는 땅에서 출발해 대서양이라는 큰 바다를 건너 미국 땅에 정착했다고요. 태평양과 대서양은 저

01_ '울릉도병원 임시진료소'에서 딸과 함께 한 이일선 의사 부인 오길화 사모(1960년대 초)
02_ '울릉도의원' 내의 '슈바이처 하우스'(1960년대)
03_ 1962년 10월 울릉군청에서 보고 받고 나오는 박정희 국가재건최고회의 의장 일행
04_ 울릉도 첫 양방병원 '울릉도병원'에 들어서는 주민(1960년대 초)

황등제보다 수만 배는 넓겠지요?"

아버지 이성언(1883~1933)은 되레 아들이 말하는 태평양이니 대서양이니 하는 말을 알아들을 수 없었다. 황등제보다 수만 배가 넓다면 도대체 얼마만 하단 말인가. 가늠되지 않았다.

"우리 아들, 정말 똑똑하구나. 자 엄마가 기다리시겠다. 내려가자."

일선은 아쉬운 듯한 표정을 지으며 아버지보다 앞서 배산 오솔길을 걸었다. 그러다 뒤돌아보며 말했다.

"아버지, 저 서울 가 공부해서 병 고치는 사람이 되고 싶어요. 그 서양 의사들처럼 훌륭한 사람이 되고 싶어요. 엄마 손, 발트고 짓무르는 것도 낫게 해 드릴 거예요."

이성언 가족은 배산 자락 고현리 외곽에 네 칸짜리 집에 의지해 살고 있었다. 소작농이었으나 그 소작마저도 여의치 않아 가끔 익산수리조합 저수지 사방 공사에 날품팔이를 나가고 있었다.

그가 서른이 넘었을 무렵 호남선이 완공(1914)되고 호남평야 쌀을 수탈할 계획을 세운 일본 제국주의자들이 조선토지조사사업(1910~1918)을 실시하더니 사업에 응하지 않은 사람들의 땅을 몰수했다. 법을 지키지 않았으니 이제부터 조선총독부 소유라고 했다.

그리고도 땅 세금을 대폭 인상해 이를 내지 않는 경우 그 땅을 몰수했다. 소규모 농사꾼들이 그렇게 땅을 뺏겼다. 더구나 이곳 익산과 옥구, 김제와 부안 등 호남평야에 사는 소작농의 경우 대대로 내려오던 영구 소작권과 상속권도 빼앗아 대지주에게 몰아주어 소작농이 아니라 머슴과 같은 신세로 만들었다.

그때 일선의 할아버지도 소작권을 빼앗기고 빈농으로 몰락해 버렸다. 그의 할아버지는 젊은 시절 동학군으로 활동하다 집안이 풍비박산 난 경우였다.

이성언은 아들을 앞세우고 논두렁길을 걸으며 옛일을 생각했다. 어쩌면 그것이 자식들 공부시킬 수 있는 마지막 재산이었을지도 모른다.

일선의 할아버지는 호남선이 완공되기 전 역둔토를 가지고 있었다. 비록 나라 땅이긴 했어도 소작권과 상속권이 있었다. 그런데 일제 통감부가 토지신고서 용지를 배포하고 실지조사를 하더니 역둔토 등은 나라 땅이라고 경작하지 못하게 했다. 그러한 땅 위로 호남선 철로가 조성됐다.

하천가 빈 땅이나 황등제 물가의 진흙땅 등 마을공동체 공유 땅도 모두 나라 땅이라고 우기더니 일본 놈들이 차지했다. 우리 민족이 무주공산이라 하여 서로를 위해 같이 활용하던 숲이나 들판, 저수지 등을 조선총독부 소유로 서류를 바꾸었다. 그리고 일본에서 이주한 땅장사치에게 헐값에 팔아넘겼다. 강도나 다를 바 없었다.

또한 그들은 조선부동산등기령 등과 같은 법을 만들어 일본인 지주나 한국인 지주에게 싼값에 불하했다. 땅 짚고 헤엄치기 식으로 조선 백성에게 땅을 빼앗아 갔다.

몇 해 전 황등제 인근 모인리라는 마을 쇠골네가 황등제에 몸을 던져 죽은 것도 소작 땅을 빼앗긴 화병 때문이었다. 쇠골네 남편 최 서방은 지주로부터 더는 소작하지 말란 얘기에 놀라 뇌졸중에 걸리고 말았다. 쇠골네는 남은 재산 다 털어 무당 굿 치성을 드렸다. 한데 병은 낫지도 않고 끼니마저 잇기 어렵게 되자 신세를 비관해 황등제 물귀신이 되고 말았다.

"엄마 저 왔어요. 아버지가 배산에서 서울 구경 시켜줬어요."

어머니 강신성(1894~1975)이 무쇠 솥 뚜껑을 열다 부자를 반겼다. 부뚜막에 성경책이 놓여 있었다. 어머니는 기쁠 때나 슬플 때나 찬송가를 흥얼거렸다. 2남 1녀 거두느라 손에 물마를 날이 없었다.

어머니 강신성은 군산 개화한 집 딸이었으나 군산 개항장이 확장되면서 헐값에 땅을 수용당하고 집안이 쪼그라들은 후 가난을 면치 못했다.

그럼에도 예배당에 다니는 외할머니 덕분에 신성(信星), 즉 믿음의 별을 뜻하는 이름을 얻었다. 그때 대개의 여자들은 '우물가 집 큰딸', '당나무골 작은딸' '언년이' 등으로 불릴 뿐 이름 석 자가 없었다. 남존여비의 유교 사회라 여성은 태어나는 순간 삼종지도를 따라야 했다. 어려서는 아버지, 결혼해서는 남편, 남편이 죽은 후에는 아들을 따른다는 것이 여자의 도리였다.

이러한 시대에 어머니가 강신성이라는 이름 석 자를 가지고 태어난 것은 축복이었다. 이 땅에 태어난 모든 사람은 평등하고 자유롭게 살 권리가 있다는 야소교(기독교의 옛말)를 믿었기 때문이다.

그러한 영향으로 강신성은 일선과 자녀들에게 "사람은 다 평등하고 귀한 존재란다"라고 가르쳤다. 일선(一善)이라는 이름은 '날마다 한 가지 선을 행하자'라는 성경 속 말씀에서 가져왔다. 이 역시 어머니의 영향이 컸다.

일선은 아기 때부터 집 인근 큰 동네에 있는 고현예배당에 다녔다. 물론 어머니 손에 이끌려서였다.

조선말과 대한제국, 그리고 일제강점기에 들어서면서 기독교 문명의 유입은 단순한 종교의 의미를 넘어 조선 민중에게 새로운 삶의 방법론을 제시했다. 무엇보다 평등과 자유, 그리고 정의의 정신은 신분 사회 조선의 근간을 흔드는 해일과 같았다.

일제의 노골적 침략과 그들의 경제적 수탈로 백성이 신음할 때 그 백성들 사이에 뿌리를 내리던 교회는 학교와 병원 등을 곳곳에 세우면서 '민족교회'로 백성들에게 인식됐고, 민족 공동체 정신을 일깨웠다.

고현예배당과 같이 교회가 중심이 되어 교육과 의료 활동을 전개했다. 그들이 가르치는 내용은 백성들에게 새로운 삶의 방법론이 되었다. 양반과 상놈이 구분되는 신분 사회를 벗어나 하늘 아래 인간은 모두가 평등하고 자유하다는 생활 혁명이 시작된 것이다.

고현예배당은 일선이 태어나기 한참 전인 1906년 설립됐다. 사람들은 그때 야소교라 부르며 배척했다. 조상에게 제사도 지내지 않는 상놈들이나 다니는 '서양 귀신들의 무당집'이라고 했다. 고현리는 전라북도 익산군 북일면의 읍내와 같은 곳이었다. 고려 시대와 조선 초기에는 관청이 있던 동네였다.

고현예배당은 오원집, 곽도일, 양응칠, 오덕근, 김자윤 같은 선각자들이 개화 문명을 받아들이고 서양 선교사 윌리엄 해리슨(재한 1894~1928) 등의 지도를 받아 설립한 근대 문명의 산실이었다. 해리슨은 미국 켄터키 주 출신으로 루이빌국립의과대학을 졸업하고 조선에 들어와 가난한 이들을 치료하고 계몽했다.

미국 기독교남장로회 소속 해리슨과 같은 이들이 고현예배당 등을 세워 신앙생활만이 아니라 근대식 교육, 의료 활동을 벌였다. 일선이 졸업한 초등과정의 계문학교, 지금의 계문초등학교도 당시 고현예배당 사람들이 '문맹 퇴치' 일환으로 세웠다.

고현예배당 사람들은 인근에 백동학교와 경신학교 또 이리중학교 도 설립했다. 농촌 계몽과 근대 교육에 앞장선 교회였다. 이 고현예배 당 즉 고현교회는 전라북도 익산시의 첫 교회로 지금의 이리제일교회 등 6~7개의 교회가 그 뿌리로 두고 있다.

당시 기독교인들은 신앙, 교육, 의료 활동과 대중 계몽에 힘쓰면서 민족의 자존을 찾고자 했다. 1919년 이리(익산의 옛 지명) 역전 만세운 동도 고현교회를 비롯한 기독교인들이 연합해 일제에 항거한 사건이 었다.

일선은 이 예배당에서 신식 교육을 받았다. 다윗과 모세 등 성경 속 인물이 낯설기는 했으나 그의 호기심을 자극하기에 충분했다. 또한 예배당에서 모든 신문물을 접했다. 풍금과 피아노, 트럼펫과 양철북, 크리스마스트리 장식을 위한 반짝이, 각양 각색의 색종이, 질 좋은 연 필, 자신의 집 방문만큼이나 넓은 종이, 축음기와 환등기, 석유난로와 선풍기 등 신비한 물건이 많은 경이로운 장소가 예배당이기도 했다.

'서양 사람들은 어떻게 이 신비한 물건들을 만들까?'

일선이 이런 의문을 가지면서 일본 사람들에게 시달리는 우리나라 사람이 불쌍해졌다. 당장 아버지가 수리조합 사방 공사 노동자로 일 하는데 그 임금이 너무 박해 하루만 쉬어도 전 식구가 고구마 몇 개로 끼니를 때워야 했다.

그 때문에 이리읍내 서쪽 익옥수리조합 노동자들이 파업을 일으켜 일본 헌병대에 잡혀가기도 했다. 아버지가 젊었을 때 사이토 조선 총 독이 익옥수리조합을 시찰했는데 조선 노동자들이 시위할까 봐 순사들이 겁을 주거나 예비 검속을 했다는 얘기를 들었다.

어느 날이었다.

일선이 학교 수업하고 있는데 어머니가 헐레벌떡 학교로 찾아왔다. 아버지가 익옥수리조합이 관리하는 어느 저수지 공사에 날품팔이 가셨는데 일사병으로 쓰러지셨다는 것이다. 족히 60리는 되는 먼 곳이었다.

일선은 울면서 신작로를 걸었다.

"하나님, 우리 아버지를 살려주세요. 제가 얼른 커서 아버지 일을 돕겠습니다."

일선은 이렇게 기도하며 발걸음을 재촉했다. 땡볕 길을 걷는데도 덥지 않았다. 마치 무슨 꿈속에서 걷는 듯 자신도 모르는 속도감을 느끼는 일선이었다. 그의 걸음은 경보 선수처럼 빨랐다.

"그때 저는 아버지께서 제가 늦게 도착하면 돌아가실까 봐 하나님을 붙잡고 걸으면서 기도했어요. 그렇게 정신없이 걸으니 그 먼 길을 어린 제가 단 두 시간 만에 도착했어요. 다행히 아버지는 일사병 증세로 조금씩 기력을 회복하고 있었어요. 하지만 깡마른 아버지를 보는 순간 울음이 터지고 말았어요."

훗날 목사가 된 그가 그날의 신비한 체험을 사람들에게 고백했다. 이러한 기적과 같은 일을 영적 체험이라고 한다. 일선에게는 어린 시절부터 남다른 세계가 있었다. 그것이 의사가 되기 전 먼저 목사가 된 이유 중 하나이기도 했다.

그러나 그 아버지는 끝내 기력을 회복하지 못했다. 시름시름 앓으시더니 안방에서 마루로 나와 햇빛을 쬐는 것조차 힘겨워하셨다.

"일선아, 이 아비가 너와 못 놀아주어 미안하구나. 우리 일선이 데리고 배산에 올라 서울 구경을 한 번 더 가야 하는데…네가 말한 대로 꼭 유럽과 미국이라는 곳에 가보아라. 아빠 찾아 60리도 쏜살같이 왔는데 서울이야 식은 죽 먹기 아니겠니?"

아버지는 가는 미소를 띠며 그렇게 말했다. 그것이 가난한 아버지와의 마지막이었다. 한없이 겸손하고 반듯한 분이셨다. 그러면서도 사방공사 동료가 목표치를 못해내면 이를 도와 같이 마치는 분이었다.

"아버지의 선하심은 어린 내게 앞으로 어른이 되어 어떻게 살아야 하는지를 알려주신 경우였다. 내게 아버지는 영광의 컵을 뜻하는 큰 배산(盃山)이었다. 나는 작은 배산 봉우리라도 되고 싶었다."

아버지 이성언은 생을 마쳤다. 소년은 아버지를 배산 자락 공동묘지에 묻었다. 어머니는 아버지를 위해 끝없이 기도했다. 어머니의 신음 같은 기도 소리가 소년의 마음을 아프게 했다. 어머니를 위해서라도 울지 말아야 할 것 같았다.

그렇게 아버지가 돌아가시고 집안 살림은 더욱 어려워졌다. 일선은 계문학교 월사금조차 내지 못할 형편이었다. 그럴 때마다 일선은 "엄마, 수업료 내지 못하는 아이들 많으니 걱정하지 마세요"라고 했지만 정작 학교 가는 발걸음은 무거웠다.

다행히 교장 선생님이 그가 학교 급사 일을 할 수 있도록 배려해 졸업할 수 있었다. 계문학교는 전주읍교회와 익산의 기독교인들이 세운 사립학교여서 가능한 일이었다.

하지만 어머니는 남편이 죽은 후 과부가 되어 2남 1녀를 키우기가 쉽지 않았다. 그런 어머니는 일선이 급사 일을 하며 학교에 다니는 것을 늘 마음 아파했다. 그럴 때면 어머니는 예배당에 나가 엎드려 기도했다.

'우리 일선이가 나라를 위해 큰일 할 수 있는 건강한 묘목으로 자라도록 해주소서. 이 아이는 큰 나무가 되어 예수가 그러하셨듯이 가난하고 아픈 이들을 보살피게 하옵소서. 마음과 몸이 병든 자를 고치는 의사가 되게 하소서.'

어머니는 어떻게든 자식을 더 공부시키고 싶었다. 하지만 그 시골 마을에서 혼자된 몸으로 돈을 벌어 아이들 학비를 낼 방법이 없었다. 강신성은 자식들을 앞세우고 짐을 싸 고향을 떠났다. 서울 가는 호남선 기차에 어린 자식들과 함께 몸을 실었다.

이 어머니에 대해 이일선은 '내 어머니'라는 시에서 이렇게 얘기했다.

'…눈 나리는 겨울밤 치마를 적시고
바람 부는 새벽엔 수건을 동이고
…뜨거운 날 품팔이 하시고
서리 낀 아침에 빨래하시고
눈물도 잊은 침묵과 인고 속에
이 몸이 이 맘이 자라났다오.

뒷마을 오막살이가 우리 집

그러나 맘 놓고 마른 목 축이던 시절에

주름 없던 내 어머니 얼굴이

흐르던 냇가에 비친 일도 있다오.'

서울로 올라온 이일선 가족은 동쪽 변두리에 살면서 끼니를 이어갔
다. 광희문 인근에서 싼 월세 집을 찾아 수 차례 이사하면서 떠돌았다.
먹을 게 떨어져 멀리 왕십리 배추밭에서 주운 시래기로 끼니를 때울
때도 있었다. 자녀들이 어머니의 채소 행상 등을 도와야 겨우 먹고 살
수 있었다.

어머니는 그런 아들이 가슴 아팠다. 계문학교에서 웅변과 학업 성적
이 뛰어났던 아들이 가난 때문에 상급 학교에 진학하지 못했기 때문이
었다.

"어머니, 걱정 안하서도 돼요. 학교야 천천히 들어가 배우면 되지
요."

일선은 이렇게 말하며 어머니의 걱정을 덜려 했다.

서울에 올라온 일선은 가끔 시내 삼각동 인쇄골목에 교회 어른들 잔
심부름을 다니곤 했다. 그러다 우연히 삼각동에 있던 한영중학원(중고
등과정·현 한영중학교 전신)에서 영어 특강을 하는 것을 보고 어렵게 돈
을 모아 등록했다.

고향 교회에 다닐 때 군산과 전주에서 활동하던 미국인 선교사에게
영어를 배운 경험이 있어서 꼭 배움을 이어가고 싶었던 때였다. '영어
를 배워 미국과 유럽에 가서 넓은 세상을 보고 다니면 아버지가 무척

기뻐할 것이다'라고 생각했다.

1930년대 말 일선은 어렵게 한영중학원 야간부에 등록했다. 낮에는 일하고 밤에는 공부할 수 있는 학교인 데다 설립자가 기독교인이어서 낯설지가 않았다. 한양중학원 설립자 박현식은 평남 대동군 출신으로 이일선처럼 기독교 계통 학교를 졸업하고, 도산 안창호 선생이 평양지방 중심으로 펼친 '학업경시대회'에서 최고 성적을 보이며 성장한 수재였다.

그는 경성제일고보 교원양성소를 졸업하고 서울 재동보통학교와 중동학교 교사로 재직하다 1933년 한영중학원을 설립했다. 박현식은 이때 교목으로 김재형 목사를 초빙했다. 이북 출신인 김재형은 야간부에서 특별나게 공부를 잘하는 이일선을 아꼈다. 그러면서 늘 용기를 불어넣어 주었다.

김재형은 일선의 학비에 도움을 주고자 그에게 문서와 원고 정리 등 소일을 맡겼다. 소학교 때 급사 일을 하며 학교를 다니던 것과 같았다. 김재형은 기독교 잡지 '부활' 편집인 겸 발행인이기도 했다. 이 일을 통해 일선은 세계관이 넓어지고 문장력이 크게 향상되는 계기가 됐다.

일선은 '부활' 발간을 도우면서 '사람은 무엇으로 사는가'에 대한 물음에 해답을 주는 위대한 인물을 만나게 된다. 인류애를 실천한 알베르트 슈바이처였다.

김재형 목사가 잡지에 게재할 슈바이처 관련 글을 일선에게 정리토록 했는데 일선은 그 글에서 인간이 어떻게 살아야 하는지에 대한 답을 얻었다.

일선이 슈바이처를 알게 된 1939년은 슈바이처의 나이 64세였다. 노벨평화상 수상(1952년) 전이었다. 슈바이처는 1920년대 적도 아프리카 (현 가봉공화국)로 건너가 가봉 랑바레네에 정착하여 의료 봉사를 시작했다.

그러한 슈바이처의 인류애를 두고 유럽인들은 '세계의 위인' '인도(人道)의 전사' '원시림의 성자'로 불렀다.

슈바이처는 독일계 프랑스 의사이자 사상가, 신학자이자 선교사, 과학자이자 음악가이기도 했다. 유럽인에게 사람이 태어나 어떻게 살아야 올바로 사는 것인지 알려주는 박애주의자였다.

하지만 그 무렵 한국은 일제의 식민지였다. 문명에 뒤처진 우리는 슈바이처라는 인물에 대해 잘 몰랐다. 슈바이처의 수많은 저서가 일본에서도 출판됐으나 정작 우리는 일본 유학을 다녀온 극소수 지식층 정도나 알고 있었을 뿐이다.

1954년 우리나라 최초로 슈바이처에 관한 책 '슈바이처의 생애와 사상'을 펴낸 이일선은 그 책 서문에 흥분된 마음을 이렇게 밝혔다.

'내가 중학생 시절부터 생각해 오던 슈바이처 박사의 생애와 사상을 우리글로 소개한다는 것은 밤에 꾼 꿈을 낮에 실현하는 것 같아서 한편 기쁘기도 하고 하늘에서 별이 무지개를 타고 땅으로 굴러 내려오는 것 같기도 하며 또 한편으로 두렵기도 하다'

그러면서 이일선은 자신의 편·저서에서 인류가 놓인 현실을 풀어갈 해법을 슈바이처의 삶의 자세를 통해 제시하기도 한다.

20세기 초중반 인류는 두 차례의 세계전쟁을 겪었다. 그 무렵 국제
정세에 우물 안 개구리였던 조선은 양반과 관료들의 수탈과 부패로 나
락의 길을 걷고 있었다. 백성은 가난과 전염병에 허덕이다 죽거나 부
랑자가 됐다. 그렇게 나라가 힘이 없자 일제가 침략했다. 그리고 그 지
배의 결과로 분단과 6·25전쟁이라는 참극을 겪는다.

특히 일제 36년간의 지배에 의해 모든 질서가 무너지고, 파괴되면서
아노미적 상태를 맞는 비극에 처한 것이다. 여기에 전쟁이라는 불행
은 국민들로 하여금 삶의 가치와 목적을 잃게 만들었다.

'우리를 둘러싸고 있는 세계의 무거운 공기는 현대 문명의 몰락 앞
에 서 있는 병든 심령이 되어 인류의 호흡을 더 답답하게 하고 있습니
다. 무너져 가는 물질문명이 우리의 생각을 억누르고 참된 자기를 잃어
버린 부자유한 현대인의 타산적인 이기주의로 질식할 상태에 놓여 있
습니다. 이 답답하고 숨 막히는 현실에서 슈바이처의 영웅적인 그의 생
애와 예언자적인 그의 사상을 소개하는 것은 절망적인 우리에게 새로
운 신앙과 소망을 주고 높은 이상을 일으키고도 남음이 있을 것입니다.'
(이일선 편저 '슈바이처의 생애와 사상' 서문에서)

이일선은 훗날 위처럼 그 안타까운 상황을 강연, 설교, 저술 등으로
밝히며 서로 돕는 이웃공동체적 삶을 얘기했다.

이일선은 또 이렇게 회상했다.

'슈바이처의 글을 읽고 나도 어른이 되면 슈바이처와 같은 정신을 가

지고 일하는 사람이 되고자 했다. 「작은 물방울은 아무런 힘이 없다. 그러나 그 물방울이 기관차 속에서 끓으면 큰 기차를 움직일 수 있고 그 물방울이 바윗돌 속에서 얼면 큰 바위 돌을 파괴할 수 있다」라는 박사 의 말은 어린 소년이었던 나의 마음에 품은 이상을 현실에 옮기는데 큰 원동력이 되었고 의지의 인간으로 성장하게끔 해주었다.'(잡지 '신동아' 제134호 1975년 10월호 발표 글에서)

이일선은 그 무렵 한영중학원에서 주·야간부 학생 중 최우수 성적 으로 졸업했다. 그리고 경성체신국에 취직했다. 이일선과 함께 슈바 이처의 제자로 가봉 랑바레네에서 봉사하며 깊은 우정을 쌓았던 일본 인 의사 이사오 다카하시는 "이일선이 우편 및 보험 업무를 취급하는 경성체신국에 근무하면서 만주(당시 일본식민지)로 가 그곳에서 보험 업무를 했다"는 자료를 남겼다.

그 시기는 태평양전쟁 말기였다. 일제의 발악에도 미군을 비롯한 연 합군은 일본 본토까지 폭격을 가하며 승세를 이어갔다. 만주에서 이러 한 세계정세를 몸으로 느낀 이일선은 전쟁 처참함과 그로인해 죽어 가 는 불쌍한 사람들의 현실을 목격하고 그들을 구제할 방법을 찾게 된다.

그리고 롤 모델이었던 슈바이처의 가르침을 실천하기로 다짐했다.

1945년 4월이었다.

이일선은 평온한 삶을 이어주던 직장 우체국을 그만두고 서울로 돌 아와 예수가 그러했듯, 슈바이처가 그러했듯 영혼과 육신이 가난한 이 들을 위해 살겠다며 가시밭길로 향했다. 그러기 위해선 우선 더 배워 야 되겠다고 생각했다.

당시 대학 과정은 일제가 황국신민 양성을 위한 조선총독부 관제학교 외에 총독부 비인가 성격의 각종학교가 있었다. 한데 조선인이 관제학교에 입학하기는 쉽지 않았다.

일제는 조선 식민 통치 기간 조선인이 교육받지 못하도록 초중고 및 대학 인가를 제한했고 오직 자신들에게 충성할 수 있는 친일 교육가들의 학교만 정식학교로 허가해 주었다. 그러다보니 친일 교육가들은 자연스럽게 불령선인(不逞鮮人), 즉 일제의 명령과 지도에 따르지 않거나 저항하는 조선인을 교육에서 배제시켰다. 이러한 정책은 민족 교육을 목표로 하는 조선인 교육가에게도 적용되어 그들이 학교를 설립하려고 하면 갖가지 이유를 대고 방해했다.

때문에 민족 교육이 허용된 학교는 그 수가 적었다. 또 일제의 교묘한 탄압으로 재정적으로도 어려움이 컸다.

다만 미국을 위시한 기독교 선교사들이 세운 학교는 일제가 함부로 하지 못했는데 그 이유는 상대국과의 외교적 관계 때문이었다.

이때 운영된 대표적 사립대학이 평양신학교와 이화여전·연희전문학교였다. 연희전문은 지금의 연세대학교의 전신이다. 이화여전은 이화여대 전신이다. 또 의과대학으로는 세브란스의학전문학교가 있었다. 경성의학전문학교(서울대 의대 전신)는 조선총독부가 운영하는 관립이었다.

한편 일제강점기 우리 민족이 우리의 자주권을 국제사회에 알릴 유일한 길은 선교사 등을 통해서였다. 이러한 방법이 아니면 백범 김구, 도산 안창호 선생과 같이 해외로 망명하여 무력 투쟁으로 우리가 일제로부터 독립을 원하고 있다는 것을 알려야 했다.

19세기 말과 20세기 초 자유·평등 가치의 기독교 복음은 평양을 거점으로 평안도와 황해도에 보다 빨리 뿌리내렸다. 이러한 영향으로 소위 관서지방은 교육열이 높았고, 서구 문명의 유입에 개방적이었으며 민권 의식도 강했다.

한국 근대사의 큰 인물 김구 안창호 이승만 등 숱한 지도자가 이 지방에서 많이 배출된 것도 이러한 기독교 문명과 무관하지 않다.

하지만 일제는 기독교 민족운동과 관서지방의 오산고보·평양신학교 등 기독교계열 각종 학교에서 민족 교육을 시키는 것에 두려움을 느끼고 탄압했다.

무엇보다 일제 말기에 들어서 조선총독부는 한국을 태평양전쟁을 위한 병참기지로 만들어 갔다.

우선 조선 청년들을 학도병과 위안부로 내몰았다. 이도 모자라 성인은 징용으로 끌고 가 강제 노동을 시켰다. 그리고 한국에 들어와 병원과 학교 등을 운영하는 서양인을 적으로 삼고 추방했다. 서양 선교사들이 운영하는 학교, 병원, 교회 등이 신사참배와 동방요배 등을 하지 않는다는 이유로 폐쇄됐다.

일제강점기 교회 목사는 종교 지도자를 넘어 사회 지도자이기도 했다. 교회가 민족 계몽운동에 활발히 나섰으므로 지역의 목회자는 계몽운동가, 사회사업가, 교육자 역할을 했다. 그들에 의해 교육받은 이들은 민족 계몽운동가가 되어 '독립정신고양' '문맹퇴치' '위생 및 보건운동' 등을 주도했다.

그런데 그 목회자를 배출하는 평양신학교는 1938년 일제의 신사참배 강요가 이어지자 "일본 신도(神道)로 대표되는 천황에게 참배하는 것은 곧 제국주의 우상을 섬기는 것"이라며 거부했다. 이에 일제는 기독교 계통 교회, 학교, 병원 등을 폐쇄했다. 평양신학교도 문을 닫았다. 민족지도자 양성이 끊기는 상황이 됐다.

이러한 교육 부재의 상황이 계속되자 기독교인 교육사업가 김대현 (1876~1940) 등이 조선총독부 비인가 조선신학원을 서울 인사동 승동교회 안에 설립했다. 그리고 미국 프린스턴대학교를 졸업한 김재준 (1901~1987) 목사가 목회자와 민족지도자 양성을 목표로 성장시켰다.

비인가였던 탓에 신사참배를 하지 않아도 되는 일제 교육 제도의 허점을 최대한 이용한 개교 및 학교운영이었다. 김재준은 어떻게든 배움이 계속되어야 나라를 되찾을 수 있다고 보았다.

이 조선신학원은 해방 전까지 통칭 조선신학교로 불렸다. 그리고 1945년 8월 해방이 되자 서울역 앞 동자동으로 캠퍼스를 옮겼다. 그리고 미군정기인 1947년 4년제 정식 대학인 조선신학대학 허가를 받았다. 1954년에는 대학원도 설립했다. 오늘의 한신대학교가 그 후신이다.

'일제시대 신학교에 입학한다는 것은 큰 모험이었다. 일제는 전쟁에 필요한 모든 철물을 다 뜯어가던 때인지라 시골 작은 마을에 있는 교회 종도 떼어갔다. … 나는 주의 종으로 살면서 교회 재건을 위하여 일하고자 용감히 입학할 수 있었다.'(이일선 '신비경험연구' 글 중에서)

이일선이 이러한 어려운 환경 속에서 신학교에 입학한 것이 1945년 해방 불과 4개월을 앞둔 4월이었다. 최후 발악하던 일제는 조선 청년에게 전시 근로동원 등을 빌미로 잡아가던 그런 시기였다. 비인가 신학교 학생들도 강제 노동을 해야 했다.

김재준 목사는 자신의 저서 '범용기'에서 일제의 학생 강제 노동의 진상을 밝혔다.

어느 날 조선신학원의 일본 기독교인 이사가 김재준 목사에게 "학생들 모두 데리고 일본 규슈 탄광에 가서 근로동원을 가면 어떻겠냐"고 사실상 강제 노동을 우회적으로 제안했다. 그러면서 그는 "합숙이 가능하므로 밤에는 교육이 가능하다"고 회유했다.

이에 김재준은 일제의 시커먼 속내를 파악하고 학생들을 일제의 전쟁 총알받이로 이용되어선 안 된다고 완곡하게 거절했다.

그러자 그 일본인 이사는 조선총독부와 접촉해 대안으로 새로운 강제 노동 후보지를 들고 왔다. 함북 성진의 텅스텐 공장, 평남 진남포의 제철 공장, 함남의 한 탄광, 평양의 섬유 공장 등이었다. 김재준은 차선으로 평양 섬유 공장을 택했다. 일제가 태평양전쟁을 일으켜 최후 발악하던 시기라 어떻게든 학생들을 옭아매려 했기 때문에 최대한의 지혜를 내지 않으면 안됐다. 김재준의 지혜로 학생들은 교수의 인솔 하에 평양 섬유공장으로 가서 합숙하며 지냈다. 그 때문에 폐교를 간신히 막을 수 있었다.

그때 연희전문학교와 고려전문학교(고려대 전신)도 폐교되고, 이화여전은 여자직공교습소로 바뀌었다.

'나는 동자동 캠퍼스 학생도 없는 빈방에 혼자 앉아 있었다. 학생 모집도 안했다. 그런데 입학 지원자가 연방 찾아왔다. 나는 그들을 받아들였다. 교회당 작은 창고 방을 치우고 거기서 강의했다. 청강생이 거의 20명이 됐다. 지금 울릉도에서 선교 겸 의료 사업에 헌신한 이일선도 그때 들어온 청년 중 하나다.'(1983년 발행 '범용기' 중에서)

서울역 앞 동자동 캠퍼스는 일제강점기 조선에 진출한 일본 천리교 건물이었다. 한국에는 1200곳의 천리교당이 있었다. 동자동 천리교포교관리소가 그 본부였다. 이를 조선신학교가 인수했다. 서울에만 40여 곳의 천리교당이 있었고 이 교당들은 일제가 물러가고 적산가옥으로 남았다.

이일선은 조선신학교에서 훌륭한 스승과 동창들을 만나게 된다. 신학자이자 교육가 김재준을 비롯하여 독립운동가이자 목사인 송창근(1898~1951·조선신학교 교장), 한경직(1902~2000·영락교회 목사) 등이 교수였다. 그리고 독립운동가 장준하, 인권운동가이자 신학자 강원룡, 통일운동가이자 사회운동가 문익환 문동환 형제 등이 동기 및 선후배였다. 무엇보다 훗날 아내가 되는 오길화 사모도 그 학교 동기동창이었다.

조선신학교는 김재준에 의해 진보적 학풍이 형성됐다. 세기말의 혼란 속에서 민족의 운명과 미래를 누구보다 잘 알고 있는 미국 유학파 엘리트가 김재준이었다. 그는 민족이 이 어려움을 헤쳐 갈 수 있는 길은 오직 성경 안에서 자유, 평등, 정의, 믿음을 찾아가는 것이라고 확신했다.

김재준은 강단에 서면 '믿음은 행위이다'라고 학생들에게 강조했다. 그것은 가난한 이웃을 사랑하는 일이며 억울하게 갇힌 자를 해방시키고, 아흔아홉 마리 양무리에서 떨어져 나가 위태로이 절벽에 몰린 한 마리 양에게도 손길을 내밀어야 한다고 말했다. 그러한 사랑이 행동으로 나타나야 한다고 강조했다.

이일선은 이를 깊이 새겼다. 그리고 동기들과 다짐했다.

"우리가 학문으로만 신학 공부하는 것이 아니라 직접 행동하고 실천하자."

이 무렵 고학생 이일선은 왕십리에서 학교가 있는 동자동 학교를 오가며 천리교 신당동포교소를 눈여겨보았다. 그리고 "저 적산가옥을 우리에게 주셔서 가난한 이들과 함께하는 공동체 공간으로 쓸 수 있게 해달라"하고 소원했다.

이일선은 신학생 때 미 군정청 적산관리처로부터 신당동포교소를 쓸 수 있는 허락을 받았다. 일제가 떠난 후 포교소 건물은 삽시간에 낡아서 곳곳이 새고 망가져 있었지만 그는 어머니 강신성과 함께 치우고 고쳐 드디어 '신당동 복음전도소'라고 간판을 달았다.

그 포교당 한 구석엔 큰북이 버려져 있었다. 이일선은 그 북을 등에 지고 '둥둥둥' 울리며 거리로 나가 "교회에 나오면 예수를 알 수도 있고 한글도 깨칠 수 있다"고 목청 높이 외쳤다. 이 진기한 북소리에 약수시장 인근 수많은 아이들이 뒤를 따랐다.

이일선은 아이들에게 동화를 들려주었다. 놀 거리가 없었던 아이들은 이일선의 구술동화에 빠져 집에 갈 생각을 하지 않았다. 대부분 가난한 집 아이들이라 학교도 제대로 다니지 않아 한글도 깨치지 못한 채 거리를 떠돌고 있는 경우가 많았다.

이 많은 아이들을 위해 오길화가 풍금 연주로 동요와 찬송가를 부르게 하니 아이들의 참여는 더욱 높아졌다.

해방 직후 서울은 만원이었다. 식량난이 가중되면서 농민들이 서울로 몰렸고 서울 외곽에 해당하는 신당동, 왕십리 같은 산비탈과 공터에 무허가 판잣집이 늘었다. 그 판잣집 부모들이 날품팔이 나가면 아이들이 방치되기 일쑤였다.

이일선은 어린이 문맹퇴치에 앞장섰다. 그러한 이일선의 계몽운동에 신학교 동기동창 오길화는 없어서는 안 될 동지였다.

오길화는 평안도 출신이었으나 38선 이북 지역의 기독교 박해가 심해지면서 월남해 조선신학교에 입학했다. 이일선이 어린이교육에 동참해 줄 것을 요청하자 "그렇게 뜻 있는 일이라면 얼마든지 할 수 있다"며 흔쾌히 받아들였다. 이일선보다 두 살 연상이었다.

이렇게 인연이 된 두 사람은 1947년 1월 김용기(1912~1988·농촌운동가) 장로의 주례로 결혼식을 올렸다.

결혼 직후 부부는 신당동복음전도소를 신일교회라고 그 이름을 바꿨다. 예배당은 여전히 비가 새고 찬바람이 나무 벽을 뚫었다. 그들은 흙바닥에 가마니를 깔고 예배를 올렸다. 더위와 추위를 막을 길 없는 열악한 시설이었다.

그럼에도 아이들이 예배당에 와서 배우기를 늦추지 않자 어른들도 몰려들었다. 문밖에서 예배를 봐야 할 만큼 교인이 늘기 시작했다. 그때 서울 외곽 신일교회는 비슷한 시기 설립된 시내 영락교회, 경동교회, 충무교회와 함께 '성공한 교회'였다.

이일선은 교회가 자리 잡아가자 청소년기 슈바이처 박사의 삶에서 느끼고 따르고자 했던 자신과의 약속을 하나하나씩 지켜 나갔다.

미 군정청 등으로부터 배급받은 식량 등을 가난한 이웃에게 나눠주고 또 아이들이 교회에 오면 죽이라도 한 그릇씩 먹여 굶는 아이들이 없게 했다. 그렇게 교회의 선행이 알려지자 허기를 면하려는 다리 밑 거지, 부랑자들이 몰렸다.

그 가운데는 코와 얼굴, 손이 뭉개진 문둥병 환자(정식 명칭은 '한센병'·이하 그 시대 용어인 '나병'으로 통일)들도 있었다. 이들은 누구에게도 환영

받지 못했다. 같은 걸인들도 그들이 나타나면 돌팔매질을 해가며 쫓아냈다. 가족조차 버리는 환자가 나병 환자였다. 전염병이라는 이유에서 천형, 즉 하늘이 내린 형벌이라고 말하곤 했다.

하지만 이일선은 그 나환자들을 정성스럽게 대했다. 식사 대접을 하고 새 옷을 입혔다. 자신이 존경하는 슈바이처도 나환자를 위한 삶을 살고 있었다.

1950년 전후 남한에는 20만 여명의 나환자들이 있었다. 일제강점기에는 조선총독부가 이들을 집단 수용해 소록도(전남 고흥군)와 같은 나환자집단촌이 한반도 남부를 중심으로 여러 곳에 생겼다. 그러나 그들에 대한 인권 유린이 심각했다. 나환자촌에 들어가는 순간 죽음을 눈앞에 둔 것과 같았다. 소록도에서는 나환자들이 자녀를 낳지 못하도록 거세하는 반인륜적 행위도 서슴지 않았다.

그러한 악행 속에 살던 이들은 해방과 함께 나환자촌을 탈출했다. 그리고 전국을 떠돌았다.

이일선은 목회자로서 자신의 일에 충실하면서 주 2~3일은 떠도는 나환자와 집단촌에서 생활하는 이들에게 찾아가 피고름을 닦아주고 먹을 것을 주었다.

신일교회 교인들이 기부한 옷을 주었고 때론 집을 지어주었다. 가장 천한 삶을 살고 있는 이들에게 누구도 손을 내밀지 않던 시대였다.

어느 날 이일선이 시무하는 신일교회에서는 작은 실랑이가 일었다.

"교회가 이만치 성장했으면 목사님 양복 정도는 해 드릴 수 있습니다. 그런데도 새 양복을 그렇게 번번히 나환자들에게 벗어 주시면 저희 체면이 안 섭니다. 목사님께서 계속 그러시면 우리가 교회를 떠나

01_다큐멘터리 영화 '섬에서 봉사하는 사람'(KBS 1971년 제작) 캡쳐. 울릉도에 도착해 이동하는 이일선(트렁크 든 사람)   02_배로 왕진 가는 이일선(모자)   03_울릉도 부속 섬 죽도가 보이는 너와집으로 왕진 간 이일선   04_험한 길을 지나 환자가 있는 곳을 찾아가는 이일선

겠습니다."

교회 장로 등 제직들로부터 이 얘기를 들은 이일선이 슬픈 표정으로 말했다.

"나야 주일 빼고 늘 나환자와 지내고, 주일은 예복인 흰 가운 입으니 새 양복을 입어 무엇 합니까. 교회가 연합하는 큰 행사에는 일 년에 한두 번 정도 가니 좋은 양복이 내게는 그리 필요하지 않습니다. 장로, 권사, 집사님들 배려는 잘 알겠습니다. 하지만 나환자들이 진물투성이 옷을 입고 사는데 내가 새 양복 입고 가면 그들에게 무슨 위로가 되겠습니까. 정히 그러시다면 새 양복은 아껴서 꼭 입고 가야 할 자리에만 입고 가겠습니다. 그러니 나간다는 말은 거두어 주십시오."

제직들은 이일선 목사의 나환자 돌봄을 높이 사면서도 염려하는 마음이 커 자신들이 교회를 떠나겠다는 식으로 표현하며 그를 아끼고 섬겼다.

앞서 얘기했듯 신일교회는 이일선 목사의 훌륭한 설교와 이웃을 위한 헌신으로 교인 수가 기하급수적으로 늘었다. 재정도 뒷받침 되어 담임 목사쯤 되면 좋은 옷과 음식, 격에 맞는 대접을 받을 수 있었다.

　그런데도 이일선이 가진 것이라곤 춘추복 딱 두 벌의 양복뿐이었다. 그 옷마저 벗어 주고 오는 이일선이었다. 그는 손에 쥔 것이면 뭐든지 가난한 이웃들에게 베풀었다.

　"목사님은 주일에는 빛바랜 까만, 수수한 가운을 입으시고, 양복은 평일에 소매 끝이 다 달아서 헤진 것 한 벌이었어요. 어디를 가시든지 여름과 겨울 양복 두 벌로 한 해를 나셨어요. 교회가 안타까워 새로 양복을 해드려도 매번 거지나 나환자들에게 벗어 주고 오는 거예요. 사모님도 식구들 드시라고 교회가 적은 쌀이라도 드리면 동네 굶는 분들을 위해 나눠 주었어요. 항상 당신들은 새 옷 한 번을 못 사 입고 미국에서 받은 구제품을 입으며 청렴결백하게 사셨어요."

01_울릉도에 첫 X-레이기 도착(1960년대 초)　　02_X-레이기 하역을 딸과 함께 지켜보는 이일선
03_이일선 주선으로 뭍에서 해외 원조 구호 양곡을 들여와 분배하는 모습
04_X-레이기 의료장비로 필름 판독하는 이일선(오른쪽)

한 교인의 증언이다.

이일선은 그 무렵을 이렇게 회고한 바 있다.

"하루는 기도하던 중 '나환자를 위해서 일하라'는 영감을 받았다. 이때 나는 가족의 반대에도 아랑곳하지 않았다. 부르시는 소명에 충성을 다하겠다고 결심했다. 내가 나환자가 되어도 좋고, 온 집안 식구가 나환자가 되어도 좋다. 이 일에 매진하고자 다짐했다."

그렇게 다짐한 이일선은 경북 포항 예수성심시녀원에서 돌보는 나환자들에게도 꾸준하게 찾아갔다. 자신의 손길이 필요한 이들은 서울보다 지방이 더 많았다. 훗날 그가 말한 기록이다.

"나는 서울에서 목회하기 원치 않았다. 서울에는 교회도 많고 목사도 많았다. 시골에 가서 남들의 도움을 받지 않으면서 나병인들을 치료하고 싶었다. 그래서 목사로 신일교회에 있으면서 서울대 의과대학에 입학했다. 피부학을 전공한 것도 그들을 위해서였다."

서울의 큰 교회 목사가 전국을 돌며 나환자를 돌보자 나환자들은 "우리들의 구원자"라고 불렀다. 젊은 목회자가 나환자의 뭉그러진 손을 잡아 주고 그들과 함께 밥을 먹으며 자신이 입은 옷을 벗어주고 그들이 입은 옷을 스스럼없이 입는 사랑은 있을 수 없는 일이었다.

그렇지만 이일선은 돌봄에 한계를 느꼈다. 자신이 할 수 있는 일이라곤 간병과 식생활에 도움이 되는 일을 주선하는 것뿐이라는 생각이

들었다. 근본적인 치료는 자신으로도 어쩔 수 없었기 때문이다.

예수님은 나환자들의 손을 잡아 낫게 하고 그들의 마음도 치유했는데 자신은 예수의 발끝에도 못 미치는 작은 일에 불과함에 한탄했다. 그리고 예배당에서 묵상한 뒤 답을 얻어 실천하기로 했다. 직접 병 고치는 의사가 되기 위해 의과대학에 진학하기로 한 것이다.

그러나 6·25전쟁이 발발했다. 동족상잔의 비극에 휩싸였다. 죽음과 파괴, 가난과 질병만이 남았다.

그러한 와중에도 이일선은 각고의 노력으로 서울대 의대에 진학했다. 신일교회 교인들을 이끌고, 여전히 나환자를 돕는 것에 더해 불철주야로 공부에 매달려 의대 진학을 한 것이다. 게다가 부산 피난지에서는 동광교회를 세워 예수의 정신을, 슈바이처와 같은 이웃사랑을 실천했다.

그때 부산 미나카이백화점 건물에는 임시 마련된 전시연합대학이 있었다. 이일선은 그곳에서 의학 공부를 계속했다. 500~600명이 한꺼번에 몰려 수업을 듣는 그야말로 혼란 속 공부였다.

서울 수복 후 서울대 의대에 복귀한 이일선은 코피를 흘리며 공부했다. 그리고 1955년 3월 졸업했다.

의사가 된 이일선은 한센병 전문의로 명성을 떨쳤다. 가난한 환자들이 신일교회 인근 구제병원인 '신일의원'에 몰렸다. 신일의원은 이일선 의사가 원장이었다. 그는 신일의원에서 무료 진료하면서 나환자촌 진료도 계속했다. 한 달에 1000여명이 그에게 무료 진료를 받았다. 불도저와 같은 삶이었다.

이일선은 서울대 의대생 때 슈바이처 박사와 서신교환을 했다. 청소년기 슈바이처 전기를 읽고 느꼈던 감동을 얘기했고 지속적인 인술 실천 방법에 대해 조언을 구했다.

1956년 2월 12일 드디어 이일선이 존경하는 슈바이처로부터 소중한 제안을 받는다.

'나를 한국에 소개시켜줘 고맙다'는 인사말과 함께 아프리카 가봉 랑바레네병원으로 초대한다는 내용이었다.

당시 한국은 슈바이처나 서구 사람들에게 지구상 최빈국 국가였다. 지구촌 대부분의 사람은 어디에 붙어 있는지도 모르는 나라였다. 6·25전쟁에 UN연합군이 참전하면서 알게 된 이들이 있었을 뿐이다.

슈바이처는 이런 극동의 작은 나라에 박애 정신으로 인술 활동을 벌이는 청년이 있다는 사실에 놀라움을 금치 못했다. 그리고 어떻게든 만나고 싶어 했다. 슈바이처 역시 이일선처럼 30세가 넘어 의사가 됐다. 슈바이처는 이일선에게 초청장을 보냈다. 용기를 주고 싶었기 때문이다.

'귀하가 귀 국민에게 나의 사상을 소개하는 데 시간과 노력을 다한 것을 얼마나 감사해야 할지 모르겠소. 인생에 있어 생명의 존엄성에 대한 생각과 기독교의 본질을 이루고 있는 사랑이 가장 중요한 것이라고 생각하오. 그리고 사랑은 사람뿐만 아니라 모든 생명을 가지고 있는 생물에게 귀중한 것이라오.'(이일선이 슈바이처로부터 받은 편지를 1956년 3월 9일자 조선일보에 기고한 내용 중 일부)

1958년 11월 이일선은 드디어 슈바이처가 있는 가봉 랑바레네병원으로 향했다. 열일곱살 이일선이 독서를 통해 알게 된 '인류의 위대한 의사이자 성자'에게 직접 의술 교육을 받게 된 것이다.

이일선은 랑바레네병원에서 슈바이처로부터 주로 한센병(나병) 전문교육을 받았다.

슈바이처는 극동 오지에서 온 젊은 인재를 귀하게 여겼다. 성경의 사도 바울이 디모데에게 "내가 사랑하는 아들"이라고 했듯 이일선에게 '디모데'라는 이름을 부여하고 섬겼다. 영적인 아들이었다.

새로운 이름 디모데를 얻은 이일선은 슈바이처의 '생명경외' 사상을

온몸으로 흡수했다. 어떠한 생명도 함부로 하면 안 되며 그 생명을 지킴으로서 인류가 이웃공동체로 발전할 수 있는 것이라고 했다. 오늘의 기후변화나 생태 문제를 슈바이처나 이일선이 '생명경외 사상'으로 내다보고 있었다.

"선생님, 우리 조국은 전쟁 후 유증으로 가난과 질병에 허덕이고 있습니다. 많은 한센병 환자가 동네에서 쫓겨나 다리 밑이나 산골짜기에서 빌어먹으며 죽어가고 있습니다. 저는 하루빨리 돌아가 그들을 거두어야 됩니다. 선생님께서 돌보는 이 아

01_아프리카 가봉 랑바레네병원에서 슈바이처 박사와 함께(1959년 부활절) 02_랑바레네병원에서 연수를 마치고 볼키스로 작별하는 이일선과 슈바이처 03_슈바이처가 이일선에게 준 자신의 손 모양 청동상

프리카의 아픈 영혼들을 위해 저도 손길을 보태고 싶지만 그래도 여기에는 선생님이 계시니 얼마나 좋은지 모르겠습니다."

"디모데, 당신의 귀한 의술이 땅 끝까지 미치길 바라겠습니다. 저도 꼭 한 번 한국에 가 아프고 가난한 이들을 위해 봉사하고 싶습니다. 제가 나이가 너무 들어 먼 길을 같이 못 떠나는 것이 마음 아픕니다."

이때 슈바이처는 "인류는 하나의 가족임이 분명하다. 그러나 무슨 일을 저지를지 모르는 나머지 소수가 두렵다"라며 "전쟁의 참극을 겪은 한국은 '생명의 외경' 정신을 가져야 한다"며 이일선의 등을 두드려 주었다.

슈바이처는 이일선을 떠나보내며 자신의 '기도하는 손' 조형물을 선물로 주었다. 이 조형물은 지금 서울 신일교회 역사관에 전시되어 있다. 또 허름한 회색바지 한 벌, 나환자가 만든 악어와 배 조각품 등도 주었다. 슈바이처는 극동의 가난한 제자를 위해 눈물로 배웅했다.

훗날(1970년 10월) 슈바이처의 손녀 크리스티아네 에케르트(당시 28세)가 할아버지를 대신해서 울릉도를 방문해 '슈바이처 하우스' 등을 둘러보기도 했다. 그 당시 슈바이처의 기부로 건축된 병동과 그 병동 한쪽에 전시관도 있었다. 슈바이처의 여러 면모를 엿볼 수 있는 사진과 조형물, 연주레코드와 영상 등이 전시됐다. 당시 외손녀 에케르트는 인턴 코스를 밟으며 할아버지의 뜻을 이어가고자 했다.

그렇게 이일선은 랑바레네와 유럽 선진 의학을 공부하고 덴마크, 일본을 거쳐 1959년 12월 귀국했다. 돌아오던 길 덴마크 국제민중대학 연수에서는 교육운동가이자 신학자인 니콜라이 그룬트비(1783~1872)가 주창한 공교육과 농촌공동체 철학에 많은 관심을 기울이고 공부했다.

이일선이 청년시절 농촌운동가 김용기 장로와 농촌공동체운동을 했던 것은 그룬트비 사상과 그 맥이 닿아 있다.

　슈바이처로부터 훈련을 받고 신일교회로 복귀한 이일선은 깜짝 놀랄 선언을 했다. "때가 되어 명령하시니 여러분과 헤어져야겠다"며 담임목사직을 그만두겠다고 했다. 교인이 1200여명에 달했던 때다. 의료 불모지 울릉도로 가기 위해서였다.

　슈바이처에게 가기 직전인 1958년 여름의 일었다.
　이일선은 나병 환자 치료를 위해 경북 포항에서 배를 타고 울릉도로 향했다. 목선에 의지해 20~40시간의 항해해야 하는 시절이었다. 그때 그는 '용마호'라는 화물여객선을 타고 출발했으나 거친 풍랑과 직면했다. 자신과 뜻을 같이하는 수녀들과 함께 가는 길이었다.
　예기치 못한 태풍은 용마호를 당장이라도 삼킬 듯했다. 배는 계속 북쪽으로 밀려 났고 북한 원산 앞바다까지 표류했다. 표류 3일째였다.

01_겨울 울릉도의원 앞에 선 이일선(1960년대 초)

그들은 살아날 방법이 없었다. 수녀 두 사람이 종부성사를 했다. 경북 포항 예수성심시녀회의 외국인 수녀 벨레뎃다와 라파엘이었다.
　이일선도 마지막 기도를 했다.
　"하나님, 이 죄인 혹여 살려주시면 울릉도 환자 치료와 구령을 위해 한평생을 바치겠습니다. 주님 뜻대로 하소서."
　풍랑은 더욱 세차게 목선을 뒤흔들었고 그들은 정신을 잃었다.

한데 이일선과 수녀님들의 기도가 하늘에 닿은 것일까. 역풍의 도움을 받아 그들은 가까스로 울릉도 천부 해변에 닿았다.

'나는 다시 살아났습니다. 내 생명은 당신의 것입니다. 울릉도 이곳에 의사가 없습니다. 내가 여기서 일하겠나이다.'(1975년 9월 27일자 '크리스 천신문' 인터뷰 기사 중)

울릉도 북면 천부 항이란 곳이 있다. 북면사무소 소재지이다. 이곳 천부에는 1961년부터 울릉도 오지 의료 활동을 시작한 울릉의원 천부 분원이 있었다. 물론 이일선이 세운 병원이다. 몇해전 그곳을 찾았다. 한데 그 분원 자리를 아는 이를 쉽게 찾을 수 없었다.

그런데 경로당 노인들이 기억해 냈다.

"천부분원이요? 이일선 의사선생님 병원아인교."

'약방댁'으로 불리는 할머니가 기억해 냈다.

천부분원 자리는 일자형 건물이었다. 지금도 그때 그대로 보존되어 있었다. 관절통으로 걷기조차 힘든 집주인 손 할머니가 홀로 살고 있었다.

"참으로 고마운 분이죠. 어떻게 이일선 선생님을 아신데요. 제 맹장병 고쳐 주고, 임신부들을 치료해 주신 훌륭한 선생님이셨죠. 그때만 해도 우리가 젊었을 때였어요. 우리 자식과 마을 사람들 다 그분 덕 봤어요. 그분 아니면 우린 모두 죽었을 거예요."

이일선이 천부분원을 세운 이유는 조난 당해 구사일생으로 살아 돌아올 때 자신과의 간절한 약속을 지키기 위함이었다.

1961년 이일선은 5·16 쿠데타 총성을 들으며 온 가족을 이끌고 울릉도로 향했다. 박정희 소장이 군사 쿠데타를 일으켜 모든 사회시스템이 중지됐던 그때 이일선은 국제적 명성과 영광을 뒤로 하고 무의촌 울릉도의 환자를 위해 떠났다. 하지만 혼란한 정국에 포항에서 보름 가까이 발이 묶여 고생이 이만저만 아니었다.

어렵게 울릉도에 도착한 이일선은 6월 1일 울릉군청 소재지 도동에 셋방을 얻어 '울릉도의원 임시진료소'를 개원했다. 지금의 울릉군청 주차장 일대였다. 이렇게 정착한 이일선은 저동 분원과 천부 분원을 이듬해 개원했다.

이일선은 그때 떠나는 심정을 이렇게 말했다.

"지금까지 입으로 해오던 설교를 앞으로는 손과 발바닥으로 하렵니

01_울릉도의원에 봉사 진료 온 해외 및 뭍의 의사들을 위한 도동의 게스트하우스. 옛 그대로이다. (2017년 8월 촬영)　　02_옛 이일선 가족의 병원 사택　　03_옛 울릉도의원 도동 본원 자리. 지금은 울릉군청 주차장이다.　　04_옛 울릉도의원 저동 분원터

다. 도시에선 정신적인 나병환자를 치료했지만 그곳에 가선 정말 환자의 고름을 짜주는 겝니다. 우리들은 벌거벗고 온 사람들입니다. 조물주는 재산이라는 명목으로 우리에게 시간과 땅덩어리를 주었을 뿐입니다. 이런 재산을 가지고 만든 문화라야 참문화입니다. 한국의 문화는 지금 다방 문화입니다. 70개나 되는 대학은 일하지 않고 먹고사는 사람을 만들어 냅니다. 울릉도는 한국의 축도입니다. 이 작은 곳에서부터 흙을 갈고 마음과 몸을 고쳐서 '제2의 천막'을 만들 작정입니다."

이일선은 울릉도를 낙토의 선구지로 개척하겠다는 포부를 안고 있었다. 그러나 그의 포부와 달리 폐쇄적 섬 환경은 때론 그를 좌절하게 만들었다. 아래는 그에 관한 르포 기사이다.

'고도의 섬사람들에게 의료를 베풀고 신앙을 일구기 위해 지난 5월 서울을 떠난 이일선 목사의 병원은 울릉도나루에서 언덕길 15분쯤을 올라가서 자리잡고 있었다.

15평 남짓한 허술한 일본집의 「울릉도병원 도동진료소」에 들어서니 크리스트의 초상과 쟝글 속의 성자 슈바이처 박사의 검은 목상이 선뜻 눈에 담긴다. 크리스트를 마음의 바탕으로 잡고 슈바이처의 가르친 바를 쫓아 이 섬에 뼈를 묻겠다던 이 목사의 장한 상징이었다.

주인은 대구의 회의에 갔다고 집을 지키고 있는 부인 오길화 여사는 뭍에서 왔다는 것만의 그리움으로 기자를 반겨 주었다.

"서울을 떠날 때 양 다섯 마리를 가져왔어요. 이 섬에 널리 번식시키기도 하고 그 젖을 환자에게 먹이려는 뜻에서였지요."

그 다섯놈이 잘자라며 젖도 많다고 흡족해했다. 그 흡족 그늘에 선한 암영이 깃들고 있었다.

"일곱 살 난 딸년이 해만지면 서울로 가자고 보채지 않겠어요. 유치원 동무들 이름을 외워대며…"

시장이 없기 때문에 고기를 사려면 나루터에 가서 배를 기다리기 마련이라면서 펑펑거리는 배의 드나들이를 보고 섰노라면 정든 서울을 그리는 것은 어린 딸 뿐만 아니라면서 울먹했다.

6학년에 다니는 큰놈 때문에 이 울릉도살이의 첫 시련을 겪었다는 여사는 "이놈이 서울서왔다는 우월감 때문에 여기 아이들과 토라져 빼돌리우고 얻어맞기만 하지않겠어요…" 갑자기 서울을 떠났기 때문에 못보고 떠나온 세 동무들을 못잊어한 이 큰아이는 그들에게 편지를 할 용기마저 잃고 있다는 것이었다.

"지금 편지를 띄워야 방학이 끝날 무렵 받아 볼걸 뭐…"

너무 소원해서 편지의 효용도 상실하고 있다는 것이다.

의사 한 명, 조수 둘, 마리아란 이름의 간호부 하나가 일하고 있는 이 자선의 섬에서는 하루 칠팔명 내지 십여명에 한 해 무료 치료를 하고 그 나머지 환자에겐 실비로 치료하고 있음에도 웬인일지 「치료는 무료」란 철석같은 신조 때문에 고충이 깃든다고 말한다. 자선이 밑천이지 돈이 밑천이 아닌 것을 섬사람들이 알아줄 날을 기다리고 있다는 것이다.

"무당이 굿을 하고 미신에 의뢰했다가 끝내 안되면 병원에 찾아오기 마련"이라는 (오길화)씨는 처음 뜻대로 울릉도에 뼈를 묻겠는가고 물으니까 주인은 그까짓 고충은 아무렇게도 생각지 않고 있다는 뜻을 전해주었다.'(1961년 7월 26일자 조선일보)

1_이일선 선생이 인술 활동을 펼쳤던 울릉군 도동 옛 '울릉도의원' 일대. 지금은 '울릉도호텔' '울릉군청' 등이 들어서 있다. 2017년 8월 사진.

01_ '울릉도의원 천부분원' 터. 1960년대 모습 그대로이다. 천부포구는 풍랑으로 표류했던 이일선이 기적적으로 생환한 장소이기도 하다. 2017년 사진

위 글은 당시 현장을 답사한 기자의 '울릉도의 슈바이처 이일선씨 댁을 찾아'라는 제호의 신문 보도다. 불과 60여 년 전만 하더라도 울릉도의 환경이 얼마나 열악했는지를 알 수 있다.

앞서 동아일보는 그해 5월 23일자에 '한국의 슈바이처라고 불리우는 이일선 목사가 무지와 빈곤에 고생하는 동해 고도 울릉도 도민들에게 기독교 사상의 선교 사업과 질병을 치료하는 의료 사업을 하기 위해 서울에 있는 병원과 가재도구 일체를 팔아 울릉도로 향발했다'고 보도했다.

당시 언론은 슈바이처 제자로 나환자 치료와 나환자촌 순회 진료, 결핵 환자 치료 등 가난한 이들의 질병 치료에 앞장섰던 이일선이 홀연히 무의촌 울릉도로 떠나겠다고 선언했을 때 '한국의 슈바이처가 울릉도 개척에 나선다'고 대서 특필했다. '울릉도 개화의 사도'라고 칭하기도 했다.

그리고 그 이듬해 박정희 군사혁명위원회 국가재건최고회의 의장이 울릉도를 찾아 헌신하는 이일선 의사를 격려하기도 했다. 이 일을 계기로 박정희는 대통령이 되어 뭍을 가보지 못한 울릉도 어린이들을 청와대로 초청해 어린이날 잔치를 열어주었다. 영부인 육영수 여사가 울릉도 아이들에게 한아름씩 선물을 안기기도 했다.

이일선 또한 울릉도의 우수 학생들에게 장학금을 지급하고 서울 유학을 주선했다.

그 당시 울릉도에서 제 아무리 공부를 잘한다 하여도 섬 소년들이 대학 간다는 것은 꿈도 꿀 수 없었다. 1960년대 유일의 울릉중학교를 졸업하면 유일의 고등과정인 울릉수산고등학교 진학을 끝으로 섬에 남게 됐다.

이때 이일선의 장학금으로 중학교 학업을 마친 이석수·공정일 군이 서울에 있는 고등학교에 진학해 기숙사와 학비를 제공 받았다. 당시 소년들은 서울 구경을 처음하고 "책으로만 보던 기차와 전차를 보니 꿈만 같다"며 "흰쌀밥도 처음으로 배불리 먹어봤다"고 말하기도 했다.

울릉도의원 도동 본원에서 천부 분원까지 자동차길이 없었다. 배가 유일한 교통수단이었다. 파고가 높으면 중병에 걸린 마을사람은 나리 분지를 통과해 4시간여를 걸어 본원에 닿을 수 있었다. 환자들은 높은 산 성인봉 자락을 걸어서 치료를 받으러 다녔다고 했다.

앞서 '약방댁' 약방과 같은 양약 판매처는 약사면허 체계가 확립되지

01_1962년 10월 해군 함정에서 내려 울릉도 도동항에 접안 하는 박정희 국가최고회의 의장 일행   02_박정희 (가운데) 국가최고회의 의장의 울릉도 시찰(1962년 10월) 때 함께 한 이일선(왼쪽). 저동 촛대암. 오른쪽은 박창규 울릉군수

않았던 섬 오지마을의 유일한 양약 의료기관이나 다름없었다. 그러니 대부분의 사람들은 아프면 무당을 찾아가 길흉화복을 점쳤다.

반면 울릉도의원 개원에 기존 한약방 등이 반발했다. 그들은 무료 의술을 베푸는 그를 두고 저의를 의심했다. "국회의원 되려고 선심 쓰고 있다" "울릉도 돈을 다 쓸어 나갈 것"이라는 악소문이 돌았다. 또 이 일선의 공중보건과 식생활 개선운동, 사회사업 등도 공격 대상이 됐다. 적어도 1965년까지 이러한 공격은 노골적이었다.

울릉도민들은 안타깝게도 뭍에서 존경받는 목사이자 의사였던 그를 제대로 알아보지 못했다. 세계 의학계가 다 아는 슈바이처의 제자 이일선을 음해하는 이들도 있었다. 그런 그가 안타까워 슈바이처가 그에게 보낸 1962년 편지다.

'당신의 괴로운 일이 무엇이오. 당신의 괴로운 일을 내게 말하시오. 당신의 괴로운 짐을 나도 같이 지게 해주시오.'

슈바이처는 앞서 1956년 2월 병원과 목회를 겸하며 시간을 내서 전국의 나환자촌을 다니며 그들을 돌보던 이일선에게 힘을 보냈다. 다음은 슈바이처가 보낸 편지의 일부다.

'(전략)…인생에게 있어서 생명의 존엄성에 대한 생각과 사랑은 사람뿐만 아니라 모든 생명을 가지고 있는 생물에게 귀중한 것입니다. 다 인간을 즐겁게 하여주는 사랑만이 완전한 것입니다. 그리고 우리들이 점점 더 이러한 사실을 인정해야 되며 또 동물에 대한 인간의 잔인성을 근절시켜야만 합니다.

나는 귀하에게 랑바레네에서 주일 오후에 이 편지를 쓰고 있습니다. 우리가 유럽에서 돌아온 후 우리들이 이곳에서 할 일들이 대단히 많은 것을 발견하였습니다. 당신은 지금 꿋꿋하십니다. 나도 내가 앞으로 할 일을 위하여 현재보다 더 젊어졌으면 합니다.

그러나 나는 내 나이에 아직도 일할 수가 있다는 것으로 만족을 해야만 되겠습니다. 나는 다행히도 세 사람의 의사를 데리고 있습니다. 이 병원에는 열 사람의 유럽인의 간호원이 일하고 있습니다…(이하 생략) 1956년 2월 12일 아프리카 랑바레네에서 알베르트 슈바이처'

울릉읍 저동 독도유람선 관광선을 타는 곳에서 300m 지점에 오래된 후박나무 한 그루가 바다를 향해 서있다. 그 후박나무 뒤편으로 흰 페

01_박정희 의장(맨 왼쪽)과 이일선(가운데) 1962년 10월 11일 울릉군청 시찰 때이다.   02_울릉도의원 천부분원(1977)   03_현 울릉호텔. 이일선이 종합병원을 목표로 건축하다 사고에 따른 지병 등으로 준공을 못했다.   04_울릉도 사동의 의료 봉사 나온 의사들을 위한 게스트하우스. 2022년 현재 빈집이다.

인트칠을 한 신흥교회 예배당이 있다. 이 풍경은 이일선이 울릉도 무의촌 진료 활동을 하는 것을 존경했던 일본인 의사 이사오 다카하시 박사(1906년 출생·당시 일본 슈바이처재단)가 1960년대 남긴 자료 사진 한 장과 비슷했다. 다카하시도 슈바이처 밑에서 이일선과 함께 환자들을 돌봤고 이일선이 귀국한 뒤로도 서신 등을 통해 우정을 나누었다.

다카하시는 당시 울릉도를 방문해 후박나무를 배경으로 한 '저동 분원' 사진을 남겼다. 그 사진을 보면 후박나무 뒤로 '저동울릉도의원'이라는 아치형 간판이 선명하다. 신흥교회 자리가 이일선이 세운 울릉의원 저동 분원이었다.

다카하시는 1958년부터 슈바이처 박사와 함께 랑바레네에서 인술을 베풀었다. 경성제국대학 의학부(서울대 의대 전신)를 졸업하고 일본 도호쿠제국대학에서 조수로 일하다 2차 세계대전이 발발하자 군의로 종군했다.

전쟁 중 인도네시아, 미얀마를 비롯해 남태평양의 일제 군사기지에서 부상병들을 보살폈다. 다카하시는 이때 밀림 원주민은 어떠한 의료 혜택도 보지 못한다는 사실과 전범 국가 일본에 대한 반인류적 태도 등에 반발해 슈바이처가 있던 랑바레네로 향한다.

이런 그가 아프리카 밀림에서 한국의 청년 의사 이일선을 만났던 것이다. 그러니 두 사람은 더욱 각별했다. 엄밀히 이일선이 그의 의대 후배였다. 그러니 다카하시는 '밀림의 성자' 슈바이처와 근무하며 이일선을 아끼고 챙겨주었다. 특히 다카하시는 랑바레네병원 나환자 전담 의여서 자신의 임상 경험을 그대로 이일선에게 전수했다.

다카하시는 1965년 10월 경성제대 의대 졸업한지 29년 만에 한국을 찾았고 랑바레네병원에서 만났던 이일선과 재회했다. 그리고 이일선의 울릉도 인술 활동을 적극 지원했다.

울릉도의원 도동 본원은 한때 울릉도 최고의 울릉호텔 자리였다. 울릉호텔 건물은 당초 이일선이 울릉도종합병원을 목표로 건축했으나 음해사건과 교통사고 등으로 자신의 병세가 악화되면서 공사가 중단되고 말았다. 이 공사 중단 건물이 훗날 완공되어 호텔 운영자에게 넘어갔다.

또 그 당시 병동 일부는 울릉군 공영주차장이 됐다. 이일선 목사의 사택과 게스트하우스는 울릉도의원 본동(울릉호텔) 뒤로 옛 모습을 유지한 채 남아 있다.

"이 단단한 게스트하우스는 이일선 선생님의 진료 활동에 감동해 뭍에서 들어온 의사와 미국 등지에서 온 서구의 의사들이 묵는 곳이었어요. 그때만 하더라도 울릉도민은 꿈도 못 꾸던 보일러 시설을 갖춘 건물입니다."

이일선으로부터 치료를 받았던 '소년'이 70대가 되어 사동 게스트하우스를 가리키며 옛 일을 이같이 증언했다.

울릉도 종합병원은 울릉도에는 모래가 없어 뭍에서 운반해야 건축이 가능했다. 그럼에도 이일선은 '울릉종합병원'을 목표로 건축에 나섰다.

건축 당시 철근은 부산 동래에서, 모래는 강원도 묵호 등지에서 실어 날랐다. 슈바이처는 물론 유럽과 미국, 일본 의사들의 기부했고 한국교회와 기독교세계봉사회 등이 '종합병원 울릉병원' 후원자가 됐다.

사회명망가 조향록·강원용 목사, 철학자 안병욱·김형석 등도 다방면으로 도왔다.

　이일선의 울릉도 봉사 초기 울릉도 인구는 2만여 명이었다. 교회는 30~40개였으나 교회 다니는 이들조차 고기잡이 나갈 때면 성황당에서 제사를 지냈다. 그러면서도 구원파, 통일교, 전도관 등 기독교 계열 종파가 세를 구축한 곳이기도 했다.

　그가 진료를 시작한 후 800여명의 결핵 환자는 300여명으로 감소했고, 68명이던 나병 환자는 4명으로 줄었다(1976년 기준). 과부나 고아, 독거노인 등 환자의 3분의 2는 무료 진료 환자였다.

　그 무렵 울릉도 보건위생 환경은 요즘 동남아 실정과 크게 다르지 않았다. 화창한 날이 연 50일에 불과한 데다 위생 관념 부족으로 인한

01_이일선은 염소, 돼지 등 가축을 뭍에서 들여와 섬 주민 영양 공급원으로 길렀다.　02_울릉도종합병원 건물이 거의 준공 즈음(1970년대 중반). 이일선이 척추 디스크 발병으로 지팡이를 짚고 있다.　03_해외 및 국내 후원자에게 보낸 성탄 축하 카드(1976년). 준공 단계에 이른 병원 건물이 보인다(현 울릉호텔 건물).　04_이일선이 울릉도로 들어가기 직전 운영했던 서울 약수동 신일의원(3층)

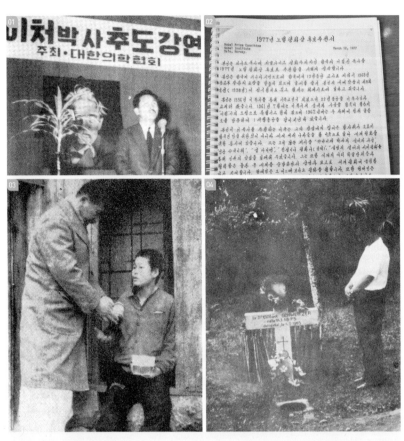

01_슈바이처 박사 추도 강연(1965년)　　02_후학들의 이일선 선생 '노벨평화상 후보 추천서'(1977년)
03_울릉도의 가난한 환자를 돌보는 이일선　　04_슈바이처 사후 재차 랑브레네를 방문한 이일선. 묘역 앞에서
기도하고 있다(1968년).

발병이 많았다. 그는 결핵 환자의 단백질 공급 등을 위해 산양과 토마
토 등을 들여와 보급했다. 햇볕을 많이 쬐도록 창문 개량도 권했다. 우
물과 변소 개량 등의 계몽운동도 벌였다.

또 오길화 여사(2005년 작고)는 남편이 세계 각지와 육지에서 구호 양
곡 밀가루·옥수수 가루 등을 가져오면 가난한 섬주민에게 골고루 배
급했다. 무의탁 노인에게는 생활보장기금을 운영하고, 불우 청소년에

게는 장학기금을 조성, 지급했다.

이일선은 병든 후 환자를 돌보는 것보다 병 발생을 막고 미리 치료하기 위한 의사가 되고자 했다. 그러기에 가난한 이들에게는 결핵, 나병, 기생충, 약물중독 문제의 해결이 가장 시급하다고 보았다. 울릉도에서 보건 위생과 고단백 영양섭취를 장려한 이유다.

이일선의 울릉도에서의 영광과 고난은 1970년대 중반까지 계속됐다. 그런데 부부에게 큰 고난이 닥쳤다. 각기 척추디스크와 골반골절이 악화되어 1973년 이후 수차례 대수술을 받았다. 그러한 가운데서도 이일선은 지팡이를 짚은 채 싱가포르 '세계기독의사회' 등에 참석, 한센병 및 피부학의 권위자로 학술 발표를 했다.

그럼에도 그의 건강이 계속 악화됐다. 한센인과 결핵환자, 나아가 울릉도의 환자들을 위해서라도 건강을 회복해야 하는데 좀처럼 회복이 쉽지 않았다.

불행은 악의 군대처럼 한꺼번에 들이닥쳤다. 울릉도민을 위한 병원 확장과 보건·위생운동을 질시하는 이들이 울릉도의원에서 마약을 팔고 있다고 경찰에 무고했다. 부부의 건강이 더욱 악화됐다. 병원에서 의료용 마약 취급은 당연한 한데도 좁은 지역 사회에서는 일부의 무고로 마약 판매로 변질됐다.

당시 이일선의 고난을 엿볼 수 있는 보도 내용이다. 언론인 박권상 (1929~2014·전 KBS 사장)의 르포이다.

'지난 8월초 이일선 원장의 울릉도의원에 찾아온 환자 카드 넘버는

8500명을 돌파했다. 울릉도 인구가 2만명 정도라니 숫자상으로 절반에 가까운 섬 사람이 적어도 한번씩은 이 병원을 찾아온 셈이다.

하루 평균 50명의 환자가 오는데 이 원장이 개업한 이래 연 4만명이 이씨의 병원에 찾아온 셈이다. 그가 원대한 포부를 안고 동해의 고도에 정착한지도 벌써 3년 2개월이 지났다.

"그동안 많은 어려움이 있었고 숱한 중상 모략도 받았으나 이젠 어떤 일도 버티어나갈 수 있는 자신이 생겼다"는게 이 원장의 말이다. "앞으로 5년이면 물질적 토대가 구축될 것이고 10년이면 뜻을 이룰 것 같다"는 그대로 비전을 제시한다.

"실상 이 섬에 처음 왔을 때 모든 것이 막막했지요. 그러나 벌써 섬 사정은 몰라볼 정도로 달라졌습니다"라고 이 원장은 섬의 형편을 설명했다.

우선 해마다 창궐한 장티푸스가 올해부터 일소되었고 폐병 환자수도 급격히 줄어들고 있다고 한다. 아직도 한달에 3000원씩의 집세를 물고 있는 비좁은 병원에 어려운 남녀노소가 들이밀리고 있다. 한가지 기쁜 소식은 아프리카의 슈바이처 박사가 500달러를 보내와 아담한 목조 건물을 마련하였고 여기에 두 개의 베드 시설을 갖추었다. 이름도 뜻 깊게 「슈바이처 하우스」이다.

이미 땅 200평과 시멘트 80부대를 사들여 금년으로 기초공사만 마치고 내후년까지는 건평 100평 정도의 병원을 세울 계획이라고 한다.

이 원장을 비난하는 사람도 있었다. "사회사업가라기보다 영리적인 의사"라는 것이다. 실제 「울릉도병원」 환자의 3분의 1은 무료 치료, 나머지 3분의 2는 치료비를 받고 있으니 이점이 퍽 불만스러운 모양이다. 아마도 한국의 산타클로스 할아버지를 기대했다가 기대가 무너지자 비난으로 변했는지?

지금 이 원장 밑엔 4명의 의사, 간호원 등 모두 20명이 일하고 있다. 한사람의 한지의사(限地醫師) 밖에 없던 이곳이고 보니 이 원장의 병원이 번창하는 것도 당연하며 결과적으로 울릉도 사람들은 이 원장의 혜택을 보고 있는 셈이다.

비단 의사로서 뿐만 아니라 섬 사람들의 생활개선, 재건운동 등에 적극 참가, 이 원장은 「한국의 덴마크」로 만들 것을 구상한 바도 있고, 적어도 풍부한 목초를 이용 섬 사람들 가정마다 젖소나 염소를 기르도록 권장한다고 한다. 그래야만 섬 사람들의 건강이 근본적으로 향상될 수 있다는 것이다.

「누구든지 제 목숨을 구원코자하면 잃을 것이요 누구든지 나를 위하여 제 목숨을 잃으면 찾으리라」 이 원장은 필자에게 소개한 바 그가 가장 좋아하는 성경 구절이다. 박권상 본사 논설위원'(1964년 9월 9일자 동아일보)

울릉도민 일부는 외부에서 온 의사 이

01_울릉도 순회 진료 중 휴식
02_울릉도의 아이들(1967년)
03_이일선이 육지에서 들여온 양을 키워 우유를 먹게 된 아이들

일선을 시기, 질시했다. 무엇보다 현지 의료 관련 업자와 무면허로 섬 사람들의 병을 치료해오던 이들이 강력 반발했다. 이일선이 최신 X레이 의료 장비를 가지고 들어왔고 생활이 어려운 이들에게 무료 진료에 나서자 더욱 반발이 컸다.

섬 주민은 맹장 수술조차 받지 못해 죽어갔다. 하지만 이일선이 입도하고서 맹장 수술 등 급한 의료 상황은 모두 해결됐다. 그런 것이 되레 공격의 대상이 되곤 했다. 지금도 울릉도에서는 급성 맹장에 걸릴 경우 수술이 불가능해 뭍으로 긴급 후송된다고 한다.

이일선은 "모든 것은 시간이 해줄 것"이라 믿으며 본분을 다했다. 오히려 이일선은 육지와 사정이 다른 어린이 교육이 큰 일이라며 염려했다. 교육 환경도 열악했고 학용품 수급도 쉽지 않았다. 한 달에 한 두 번 화물선만 오갈 뿐 정기 여객선이 없던 울릉도였다.

당시 울릉군청 공무원이었다가 울릉군수까지 지낸 한 울릉도 원로의 증언은 이일선이 처했던 현실을 알려준다. 그는 슈바이처 박사의 기부금으로 병원 건축을 하고 병원이 운영됐음에도 영향력 있는 유지 등 일부가 그의 인술 활동과 헌신을 비난했다고 했다.

"그때는 내가 초등학교 학생이었는데 늘 배가 고팠요. 지금 생각해보니 뭍에서 배가 들어오면 '울릉도의원' 이일선 원장님이 슈바이처 박사나 유럽 각국 의사 등으로부터 기부받은 물품 하역이 많았습니다. 그 구호양곡이나 생필품 등을 오길화 여사가 중심이 되어 나눠주곤 했습니다.

어린 마음에 병원 창고에 쌓이는 물품의 종이 한 장도 신기했었어요. 이일선 원장님은 늘 말없이 행하셨고, 오길화 여사는 늘 따뜻한 마음으로 우리에게 먹을 것과 입을 것을 주었습니다. 우리는 그때 슈바이처 박사가 어떤 분인지도 잘 몰랐습니다.

이일선 원장님이 들어오셔서 울릉도의 생활 수준이 높아졌고, 위급한 생명이 살 수 있었습니다. 지금 세대에게는 무슨 말인가 싶겠지만 이일선 원장님이 들어오기 전까지 울릉도는 울릉국민학교 내에 전시된 자전거 한 대가 유일한 바퀴 달린 물건이었습니다. 이제라도 울릉도와 국가가 이일선 원장님의 참뜻을 기려야 한다고 봅니다."

그럼에도 이일선은 고발당해 수사받았다.

검찰청 경주지청이 울릉도까지 찾아가 샅샅이 뒤졌다. 하지만 이일선과 울릉도의원의 인술 활동에 감복하고 돌아왔다. 무혐의였다. 슈바이처가 그때 살아 있었다면 '당신의 괴로운 짐을 나도 지게 해주시오'라고 재차 응원했을 것이다.

무고 파동 직후 이일선은 해외 학회를 마치고 미국을 찾았다. 아들이 미국에서 의사 수업을 받고 있었기 때문이다. 한데 그곳에서 교통사고를 당하고 말았다. 엎친 데 덮친 격으로 몸이 쇠약해 지면서 성대 종양도 생겼다.

잇따른 사고와 발병 그리고 고난에 "하나님께서 내가 욥과 같은 고통 중에서도 신앙을 붙잡고 있는가 시험하고 계신다. 우리 부부가 끝까지 생각한 것은 하나님은 선하시고 자비하시다는 것"이라는 투병기를 남겼다.

1970년대 이일선의 아들 이대열(의사)과 결혼해 울릉도에서 시아버지의 해외 관련 업무 등을 도왔던 며느리 장은선의 증언이다.

"시어머니와 함께 환자 피가 묻은 빨래를 참 많이 했어요. 선원들이 자상을 입고 오는 경우가 흔했거든요. 시부모님은 1973년을 전후로 욥의 고통과 같은 고난에 힘들어 하셨어요. 아버님은 1973년 일본에서 열리는 농촌의학회 참석차 떠나던 날 척추디스크가 발병했어요. 어머님은 이듬해 피 묻은 빨래를 하러 지하 계단을 내려가다 미끄러져 골반이 다쳐 주저앉다시피 됐어요. 무엇보다 아버님이 그토록 심혈을 쏟던 병원 본관이 90% 이상 완공됐는데 누군가 마약을 팔고 있다고 고발한 거예요. 경주지청 수사관들이 울릉도에 들어와 한 달간 상주하며 조사를 벌였어요. '선생님 정말 죄송합니다'라며 무고임을 알고 떠났지만 상심한 아버님은 급격하게 기력이 쇠하고 말았어요. 그 엄청난 충격에 슈바이처 박사가 계시던 아프리카로 가 그들을 돌보며 살고 싶다고 하셨죠."

이일선은 당시 한국 사회가 감당하기엔 큰 인물이었다. 그는 슈바이처처럼 한국의 오지에서 환자들과 끝까지 함께하다 사고 후유증과 병마로 생을 마감했다.

슈바이처의 인술의 삶을 접하고 "새벽에 꾼 꿈이 낮에 이뤄진 것 같아 기뻤다" 그는 '진정한 한국의 슈바이처'로 칭송받고 있다.

02

빛이 된 사람들

의사에서 독립운동가로…김구 동서 신창희

신창희(1877~1926)

1926년 당시 동몽골 퉁랴오(현 중국 내몽골자치구 퉁랴오 시)에서 조선의 엘리트 의사가 죽음을 맞았다. 퉁랴오는 지금의 연변 조선족 자치주에서 서쪽으로 550㎞ 지점이다. 일제 치하에서 조국을 떠나 만주 벌판에서 생을 마감한 것이다.

'아 신군은 갓다. …남다른 포부를 품고 수 천리 이역에서 표랑의 생활을 계속하던 신군은 맞츰내 그 쓸쓸한 몽고천지에서 영영 가버리고 말엇다…항상 동포를 사랑하는 정신을 끊지 않고 어디를 가든지 자기의 배운 기술로 유리하는 동포를 힘써 도와주며 제세의 술을 광시하여 만리이역에 고통 하는 형제를 많이 구호하여 주었다.'(기독신보 1926년 3월 31일자 보도)

그 조선 엘리트 의사는 세브란스의학교 1회 졸업생 신창희(1877~1926)였다. '제세(濟世)의 술(術)을 광시(廣施)'하던 의사였다. 즉, 의술을 통해 아픈 이들을 널리 구제했다는 얘기다.

01_서울 명동성당 아래 땅은 19세기 말과 20세기 초 우리나라 첫 국립병원 제중원 터였다. 1885년 서울 안국동 헌법재판소 자리에 설립된 이 병원은 1887년 구리개(현 서울 명동성당 아래)로 이전한다. 그리고 1904년 서울역 앞 도동(현 세브란스빌딩 일대)으로 또 한 번 이전한다. 신창희는 구리개와 도동에 있던 의학교에서 공부했다. 사진은 서울 명동 YWCA 일대의 옛 제중원 터.

신창희는 1904년 제중원의학교에 입학했다. 제중원은 1885년 개원한 우리나라 최초의 서양식 국립병원이었다. 서울 재동의 현 헌법재판소 자리에 설립됐으나 1887년 구리개(현 서울 을지로입구)로 옮기고 서양의 올리버 에비슨 등을 중심으로 한 미국 기독교북장로회 조선선교부가 운영을 맡게 된다. 에비슨 등은 이때 조선의 환자 구제와 의학교육 발전을 위해 도와 달라고 본국에 호소한다.

　미국인 실업가 루이스 세브란스(?~1913)는 조선이라는 미지의 나라에서 죽음을 각오하고 헌신하는 미국과 캐나다 등 서구 근대 의사들에게 감동해 조선에 근대 병원 및 학교 설립 비용을 기부한다. 그리하여 1904년 서울 도동(현 서울 남대문로5가 세브란스빌딩 일원)에서 제중원 후신 '세브란스기념병원 및 의학교'가 시작된다. 한국 의료사의 새 장을 맞은 것이다.

　신창희는 제중원의학교로 입학해 바로 캠퍼스 이전과 학교 명칭 변

01_구리개 제중원(1896). 간호원 제콥슨의 집이다.　02_서대문형무소. 신창희의 손아래 동서 김구 선생이 투옥됐던 곳이다.　03_구리개 제중원 터(서울 을지로입구)　04_서울역과 연세대학교 세브란스빌딩(중앙). 빌딩 일대가 1904년 설립된 제중원 후신 세브란스기념병원과 세브란스의학교 터이다.

경에 따른 교육 환경 변화 하에서 의학 수업을 받았다. 출신지와 입학 동기, 입학 전 활동 등은 알려지지 않았다. 다만 당시 제중원의학교에 진학할 정도였으면 중인 집안 이상의 신분이었을 가능성이 높다.

그는 의학교를 졸업하고 한때 모교 간호원양성소에서 강의했다. 1909년 미국 기독교북장로회 선교보고서 '코리아 미션 필드'에 의하면 그가 '미터법을 포함한 계량과 측정' '현미경을 이용한 세균학' 등을 강의했다고 남겼다.

신창희는 졸업 후 1909년 압록강 변 의주부(義州府) 남문 밖에 구세 병원을 개원했다. '매일신보' 광고란에 '의학박사 신창희와 홍종은이 연합해 진료하니 유병(有病) 자는 내방해 달라'고 홍보했다.

그의 진료 활동은 1917년 만주 안동(현 중국 단둥)에 '평산의원'을 운영 했다는 자료에서도 나타난다. 안동은 압록강 하구 도시로 의주에서 30 ㎞ 지점이었다. 신창희는 의주나 안동에서도 '고통 하는 형제를 구호하여' 주었다. 특히 안동 평산의원에서 일제에 맞서 만주 일대에서 무장 투쟁을 하던 독립운동가, 헐벗고 굶주린 동포들을 치료하고 돌봤다.

그 무렵 신창희는 독립운동에 뛰어들었다. 의주, 안동을 중심으로 활동하다가 1919년 3·1운동을 전후해 독립운동단체 신한청년단 당원으로 상해 임시정부를 돕기 시작했다. 임시정부 교통국 요원으로 쫓기는 독립운동가들을 도항시키거나 군자금을 모으는 임무를 맡았다.

무엇보다 그의 손아래 동서 백범 김구(1876~1949·독립운동가)가 3·1 만세 사건 직후 의주를 거쳐 상해로 피신하는데 신창희가 결정적 역할을 했던 것으로 알려졌다. 상해 임시정부에 안착한 백범은 곧 경무국 장이 됐고, 신창희는 임시정부 군의로 활동했다는 기록이 일제 하얼빈 영사관 문건에 나온다.

또한 신창희는 상해에 머물면서 대한적십자회 상의원(독립신문 1922년 3월 1일자)으로 활약하기도 했다. 그리고 신한청년단을 통해 독립 외교 활동에도 열심이었다. 그런데 이 청년단이 공산주의 그룹에 우호적 태도를 취하자 동서 김구 등과 탈당했다. 손아래 동서 김구가 신창희보다 한 살 많았으며 둘은 동지적 관계였다.

그러나 1920년대 임시정부는 일제의 강력한 탄압으로 정부 요인들은 생계조차 힘들었다. 흩어져 각자도생해야 하는 형편이었다. 그 어려움 속에 대한민국 임시정부 주석 김구의 부인 최준례, 즉 신창희의 처형은 상해에서 가난과 산후 후유증으로 사망(1924년)했다.

신창희는 일경의 체포 용의선상에 올랐다. 신분을 속여 가며 일경의 추적을 피해야 했다. 그때 동포교회인 동몽골교회가 도움을 주었다.

신창희는 위험 속에서도 '떠도는 동포들을 치료해 준' 의사였다. 하지만 '다년간의 해외 생활의 궁핍함 등으로 폐렴에 걸려 회복치 못했다'고 한다. 대한민국 임시정부 군의는 그렇게 생을 마감했다. 환자와 교회 사람들이 80원을 모아 그의 시신을 몽골 사막에 묻었다.

01_구리개 제중원 여자병동(1901년)   02_백범 김구. 신창희는 손아래 동서 김구와 독립운동을 같이 했다.   03_서울 도동 세브란스의학전문학교   04_의사 올리버 에비슨. 신창희 등을 가르친 한국 근대 의학의 선구자이다.

동서지간신창희·김구처가의애사

'백범 일지'에 이런 얘기가 나온다. 백범의 한탄이다.

'처형은 평산 등지에서 헌병보조원의 처인지 첩인지 되어 살고, 장모도 동거한다는 풍설만 듣고 있다가…어머니와 아내가 경성으로 와서 내 재판을 본다고

01_중국 상해에서 백범 김구·최준례 부부 가족 사진

오던 도중 평산 처형 집에 딸 화경을 두고 오신다 한다.… 아내는 언니가 헌병 첩 질한다는 말을 들은 후 절연했으나 내가 이 지경(1911년 신민회 사건으로 서대문형무소 투옥됨)이 되매 부득이 (처형에게 딸을 맡기러) 갔을 것이다 … 내가 주장하던 것들(학생 교육에 힘쓰고 그 학생들을 건국 영웅을 만들려는 일)이 다 물거품이 되었다.'

김구는 1903년 무렵 제중원에서 일했던 장모 김씨 부인의 딸 최준례와 혼인했다. 김씨부인은 의사 사위를 두었는데 그가 신창희로 김구의 동서다. 신창희는 의학생 때 휴학 등을 하며 황해도 신천과 평산에 의원을 열었다. 미루어 신창희의 출신지가 평산일 가능성이 있다. 그가 개원한 단동의 '평산의원' 이름도 이를 뒷받침한다. 평산은 이승만 전 대통령의 고향이기도 하다.

한편 김씨부인은 두 딸을 둔 과부였다. 그런데 처형과 장모의 행실이 김구의 눈에 합당치 않았다. 처형에 대해선 김구 부부가 설득도 해보고, 절연도 해봤지만 허사였다.

그러니 신창희와 처형 부부 사이는 뻔한 일이다. 신창희 부부는 사실상 이혼했다. 이혼한 전처가 조선인 헌병보조원과 살림을 차린 것이다.

'한국의 청년 의사에게' 오긍선

오긍선
(1878~1963)

1937년 1월 대한제국기 서양 의학을 배운 한 의사가 '청년 의사에게'라는 제목으로 다음과 같이 권한다.

하나, 부자의 황금보다 빈자의 두 눈에 혹 눈물이 있을 것을 더 중히 여겨라.

둘, 의사가 병자에게 대한 것은 수단이어서는 안 된다. 막연히 시험 삼아 하지 말고 매우 조심함으로 세밀하게 진찰하라.

셋, 항상 학술을 연구하고 병자의 신용을 받도록 유행을 따르지 말고 근거 없는 말을 하지 말며 허망한 명예를 구하지 말라.

넷, 매일 주간에 진료한 것을 야간에 다시 상세하게 생각할 것. 그리고 이것을 집성하여 서책을 작성할 것.

다섯, 불치의 병자라도 환고를 원행하게 하며 생명을 보존하게 할 것은 의사의 할 일이다. 이를 방기하고 불원함은 인도에 배반 된다.

여섯, 병자의 비용이 적도록 하고 설혹 명을 구하여도 그 생활을 탈

취한다면 쓸데없으니, 빈민의 사정을 자세히 살펴보라.

이 여섯 가지 충고 중 '직무에 충실' 등은 히포크라테스 선서와 유사
하다. 어쩌면 '조선 의사의 선언'이라고 해도 손색이 없다.

이 조항을 한마디로 요약하면 '의술은 인술이다'라는 얘기가 된다.
일제강점기 피압박 민족에게 이러한 선언을 한 이는 1903년 조선 군
산항에서 배편으로 미국에 도착, 켄터키 주 센트럴대 의대(현 루이빌대
의대)에서 수학하고 서재필·김점동(박에스더)에 이어 한국인으로서 세
번째 미국 의사 면허를 취득한 오긍선이다. 의학계에서는 피부과학
개척의 선구자로 불린다.

오긍선은 구한말과 일제강점기 계몽사상가이자 민족운동가, 의학
자요 교육가이며 사회사업가이다. 1934년 그는 서구 선교사나 의사가
독점하던 세브란스의학전문학교(연세대 의대 전신)의 첫 한국인 교장이

01_1929년 세브란스연합의학교 학생들을 지도하는 오긍선   02_1920년대 서울 서대문 영천시장 뒤편 경성
고아원   03_1920년 11월 1일 경성고아원 설립 후 처음 받아들인 원아들. 뒷줄 오른쪽이 의사 오긍선, 왼쪽이
남대문교회 장로 김병찬   04_6.25전쟁으로 파괴된 '경성고아원' 후신 '안양기독보육원' 건물

기도 했다.

이러한 오긍선의 삶을 들여다보자면 '노블리스 오블리주'의 실천이다. 사회 고위층 인사에게 요구되는 높은 수준의 도덕적 의무를 철저하게 지키고자 했다. 그는 평생 소외된 이웃에게 인술과 구제 활동을 펼쳤다. 1920년대부터 공창제 폐지 운동과 청소년 음주·흡연 반대 운동을 추진했다. 나아가 대마초 등 마약 퇴치에도 앞장섰다.

또 도덕적으로도 자신에게 엄격했다. 당대 사대부나 지식인 대개가 첩을 두거나 기생을 끼고 살았는데 그는 단 한 번도 한눈을 팔지 않았다. 자신보다 5세 연상인 데다 마마를 앓아 곰보였던 아내와 평생 해로했다. 의사인 아들 오한영(1898~1952·보건부장관 역임)이 개인병원을 개업하려 하자 "의사가 이익을 추구할 목적의 개업이라면 반대"라며 말렸다. 오긍선은 조선 시대에 태어나 대한제국기 서양 의학을 배웠

01_1924년 경성고아원(현 서울 서대문 영천시장 뒤편)   02_1921년 모교 세브란스의전에서 해부학 강의하는 오긍선(맨 오른쪽)   03_오긍선이 근무했던 군산 구암병원 여자 병실 추정   04_군산 구암병원. 1907~1911 근무.

고, 일제강점기 가난한 이들에게 30여 년간 인술을 베풀고 후진 양성에 힘썼다. 그런 그에게 해방과 함께 숱한 권력의 유혹이 뻗쳤다. '경성보육원'과 '경성양로원'을 설립, 버려진 고아와 오갈 데 없는 노인들을 돌보고 있을 때였다.

1945년 9월 미국 해리 트루먼 대통령의 특사 해리스가 서울 충정로 오긍선의 집을 찾았다. '신탁통치'라는 밑그림을 그리고 있던 미국은 한국에 대한 군정을 단행했다. 특사는 오긍선에게 민정장관을 제의했다. 모든 권력이 그에게 쏠리는 순간이었다.

01_전북 군산시 옛 구암병원 일대의 현재. 조선말~일제강점기 교회를 중심으로 근대식 병원, 학교 등이 있던 곳이다.

"정치는 정치인이 해야지 나같이 정치를 모르는 사람은 정치를 할 수 없다."

그가 권력이나 명예에 가치를 두지 않은 사람이란 걸 미국이 몰랐었던 듯하다. 그의 이러한 삶의 자세로 인해 더러는 외골수라는 비판을 받기도 했다. 대한제국기와 일제강점기 미국 선교사들의 입김이 막강할 때 세브란스병원과 의학교에 근무하면서도 선교사들의 잘못이 있으면 호되게 나무라는 성격이었다. 1927년 2월에는 미국 기독교 선교잡지에 "한국에서 선교 기관이 운영하는 병원의 한국 이관이 필요하다"라고 기고할 정도였다.

해방 후 조선총독부에 짓눌렸던 미국 기독교 남·북감리회나 남·북장로회의 권한이 복권되면서 한국의 정치적 방향도 미국 기독교 네트워크를 바탕으로 움직였다. 건국준비위원회, 한국민주당, 국민당 등이 미국 유학파 오긍선의 한국에서의 위치를 아는지라 서로 안으려 했다.

더글러스 맥아더 사령부도 군정장관 아치볼드 아널드 소장과 주한미군 사령관 존 하지 중장을 통해 오긍선을 접촉했다. 그러나 오긍선은 이를 단호히 거절했고 자문관직마저 사양했다. 그는 자신의 소명이 가난하고 소외된 이들을 돕는 일이라고 했다.

실제 오긍선은 이들을 만났을 때 "일본 기술자들이 철수한 이후 우리나라의 공장 가동이 멈추었으니 남아 있는 일본 기술자들을 억류시켜서라도 우리가 기술을 전수하여 공장 가동이 될 수 있도록 해달라"라고 부탁했다. 또 "하루빨리 사립대학 설립을 인가해 교육을 통한 입

01_경기도 안양시 양명고등학교 내 옛 안양기독보육원 시설 잔존 건물. 오긍선이 원장으로 있던 경성보육원 후신이 안양기독보육원이다. 오긍선은 이곳에서 죽을 때까지 아이들을 돌봤다.

01_군산 구암병원 옛 사진　　02_서울 청운동 청운양로원 터. 의사 오긍선이 사회복지 시설로 운영했다. 화가 나혜석이 말년에 청운양로원에서 지냈다.　　03_안양기독보육원 옛 건물. 현 경기도 안양 양명고교 내에 있다.　　04_군산에 의료 선교사로 입국했던 알렉산더. 청년 오긍선을 미국 켄터키주 센트럴대 의과대학(현 루이빌의대)으로 진학시킨 후원자이다.

국을 도와 달라"라고 역 제의했다. 그러면서 자신은 "아이들을 보살피고 어르신들을 섬기겠다'라고 했다.

미군정에서는 민정장관에 안재홍(독립운동가), 문교장관에 유억겸(연희전문 교장), 경무부장에 조병옥(독립운동가·전 연희전문 교수), 보건후생부장에 이용설(당시 세브란스의원 교수) 등을 임용했는데 이는 원로였던 오긍선의 기독교 민족주의 성향의 자문과 무관치 않다.

그렇게 본분을 지키고자 했던 오긍선은 해방 이듬해인 1946년 3월 경성보육원(경성고아구제회 후신)과 경성양로원을 병합한다.

"평생에 가장 가슴 아팠던 일은 1·4후퇴 때 안양에 남아 있던 30명 아이 가운데 20여 명을 폭격에 잃은 일이다. … 이 다음에 나도 죽으면 그 원한의 고혼들이 묻힌 보육원 뒷산에 묻히고 싶다."

1962년 11월 의사 오긍선이 새싹회의 '소파상' 수상식장에서 한 얘기다. 그는 당시 84세의 고령에도 안양기독보육원(현 안양 사회복지시설 '좋은집') 원장을 맡고 있었다. 그는 한국인으로 세 번째로 미국 의사 면허를 받은 뒤 귀국해 군산 구암병원·목포 예수병원장 등을 지냈고 이후 서울 세브란스의전에서 29년간 교수·의사·교장 등으로 살면서 '조선의 명의'로 명성이 자자했다. 개화기 선구자였다.

이런 그가 1922년 경성보육원 이사로 참여하면서 조선의 고아들을 돌보기 시작했다. 그는 앞서 얘기했듯 미군정의 장관 제의도 "정치는 정치인의 몫"이라며 거절했다. 또 배재학당 3년 선배인 이승만이 대통령이 되어 사회부장관 또는 보건부장관을 맡아 달라고 해도 "관직 주지 말고 고아원이나 좀 도와 달라"라며 사양했다.

6·25전쟁 직후 보사부장관과 문교부장관을 역임한 최재유(1906~1993) 박사의 회고이다.

"보사부장관 시절 공무로 안양 갔던 길에 불시에 오긍선 선생이 경영하시는 고아원을 방문했어요. 그 더운 여름날인데도 선생께서는 사무실에서 사환 아이 한 명만 두고 영문 타이프를 한 자 한 자 타자하시는 것을 목격했습니다. 후원자들에게 보내는 인사말이었어요."

단적인 예이나 그의 85년 삶은 '시종 소외된 자와 함께'였다.

오긍선은 조선말에 태어나 대한제국, 일제강점기, 미 군정기, 신생 대한민국이라는 격동기를 살았다. '명의'로 호사로울 수 있었다. 하지만 그는 단 한 번도 돈이나 권력을 탐하지 않았다. '돈은 일만 악의 뿌리다'라는 성서 말씀을 좌우명 삼아 자손에 본이 됐다.

오긍선가는 지금도 우리나라의 손꼽는 의사 집안이다. 5대째 이어진다. 그의 아들 오한영이 세브란스의전 교수 시절 일제의 압박에 지쳐 개업 의중을 드러내자 "서양 사람들은 남의 나라 와서 청년 교육을 위해 일생을 바치는데 우리 청년 교육을 외면하고 돈을 벌기 위해 개업하겠다는 건 너무 이기적이다"라고 나무랐다.

오긍선의 장손 오중근이 '봉사 정신' 가훈에 따라 개업을 버리고 국립마산병원장, 국립의료원장 등 공직에 몸담았을 때 "조부님께서는 '끼니를 굶지 않으면 됐지 의사가 물욕을 바라면 이미 의사가 아니다'라고 하셨다"고 회고한 바 있다.

한편 해방이 되고 혼란이 가중되면서 거리에는 고아가 넘쳐났다. 오긍선은 재산을 정리해 서울 '경성보육원'(영천시장 뒤편)을 안양역 옆으로 확대 이전해 '안양기독보육원'으로 개칭하고 더 많은 고아를 수용했다. 가건물을 짓고 200여 명을 입소시켰다. 그런데 전쟁이 발발한 것이다.

오긍선은 고아들을 3개 조로 나눠 부산 인근 가덕도(당시 경남 창원군 가덕도)로 피난시켰다. 1, 2진은 걷고 또 걸어 가덕도에 도착했다. 오긍

01_오긍선가(家). 노블레스 오블레주 실천에 힘썼다.　　02_경성보육원 후신 경기도 안양 '좋은집'

선도 그곳에서 아이들과 함께 먹고 잤다. 한데 3진 30여 명은 소식이 끊겼다. 출발하지 못하고 있을 때 보육원이 폭격당해 30여 명이 숨지고 말았다.

더구나 전쟁 중에 이승만의 간곡한 부탁으로 보건부 장관으로 임명됐던 아들 오한영도 1년 3개월 만에 과로로 숨졌다. 누구보다 아들의 청렴결백한 공직 수행을 자랑스러워했던 오긍선은 "전쟁이 일어나지 않았더라면 아들이 죽는 이 어이없는 일들을 겪지 않았을 것"이라며 괴로워했다.

'소파상' 수상 1년 후 그는 조선의 선비 정신과 기독교 정신으로 일관한 '노블리스 오블리주'의 삶을 마쳤다. 그의 마지막 말은 이러했다.

"내 이 여관에 와서 오랫동안 신세 많이 졌소. 나는 이제 집으로 돌아가야 하겠소."

우리 정부는 1963년 최고 훈장인 '대한민국장'을 수여했다.

의사 오긍선, '반민특위'에 자수했던 친일의 문제

조선총독부는 안정된 식민 통치를 위해 하층민 밀집 지역 통제를 위한 방면위원회를 운영했다. 빈민 구제가 명분이었으나 내용상으로 통치 목적이었다.

오긍선은 방면위 경성부 협의위원으로 위촉됐다. 세브란스병원과 학교가 속한 경성 서부 지역의 빈민 조사와 구제, 교육 등을 벌인다며 총독부가 그를 끌어들였다. 당시 세브란스의전은 일본 문부성 지정학교 승격을 앞두고 있었다. 교장에 임용된 오긍선으로선 내치지 못할 압박이었다. 일제는 강화된 교육 관련 법령으로 민족학교들을 정식학교에서 탈락시키는 정책을 쓰고 있었기 때문이다.

또 일제는 1937년 중일전쟁이 본격화되면서 한국 지식인에 대한 노골적 부역을 요구했다. 이때 오긍선은 조선임전보국단 발기인 및 평의원(1941)으로 위촉되어 '임전 하의 정로(征路)' 등 몇 편을 신문에 기고했다. 일생의 큰 오점이었다.

1948년 반민족행위처벌법 법령이 공포됐다. 오긍선은 1949년 8월 반민특위에 자수하고 조사받은 후 풀려났다.

01_6.25전쟁 당시 안양 고아들을 부산 가덕도까지 피난 시켰던 오긍선은 피난 길에 일부 아이들이 폭격에 숨지자 슬픔을 이기지 못했다. 사진은 가덕도 포구 모습.

현대 의학의 선구자 백인제

백인제
(1899~1950)

'…우리는 일제의 굴레에서 벗어나 해방의 환희를 만끽하면서도 장차 도래할 새로운 국가의 건설과 신문화의 창진에 대비하여…민족 유구의 행복과 국가 백년의 대계를 위하여…우리의 집적된 힘이 바로 민족의 힘이요 국력임을 확신하고 의학의 부문에서 미력하나마 공헌할 결심이다.'

1946년 11월.

의사 백인제는 재단법인 백병원 설립취지서에 이같이 밝혔다. 그리고 정관에 의학연구기관의 설치, 의학연구에 대한 장학시설, 병원 경영 등을 명시했다. '…초라한 결과를 낳지는 않으리라는 생각에서 감히 얼마 안되는 사재를 바쳐 재단법인을 설립하는 바이다'라고 천명한 백인제였다.

그가 '인류는 진실하고 선하다'라고 명시

01_서울 중구 저동 백병원 개업
무렵 백인제(앞쪽 왼쪽)와 스태프

01_2023년 8월 31일 폐원한 의사 백인제 설립 서울백병원. 환자가 끊겼다.

한 것만 봐도 의료의 공공성을 얼마나 중요시했는지 알 수 있다.

그 재단법인 백병원의 사무소는 서울 중구 저동 2가 85번지였다. 2023년 폐원한 '서울백병원' 자리이다. 이 병원은 1941년 백인제가 '백인제외과병원'으로 개원해 80여 년을 이어왔다.

서울백병원 운영자인 인제학원 이사회는 2023년 6월 "서울 도심 공동화로 1745억 원의 적자가 누적됨에 따라 폐원을 결정했으며 의사를 제외한 간호사, 행정직 등 직원 약 250명 중 100명은 상계백병원과 일산백병원으로, 나머지 150명은 부산백병원과 해운대백병원으로 발령을 내겠다. 의사 20여 명의 근무지는 이달 중 정해질 예정이다"라고 밝혔다.

한국 현대의학사의 상징과도 같았던 '백병원'은 그렇게 아쉬움을 남긴 채 폐원됐다.

백인제의 '재단법인 백병원'의 설립은 우리나라 최초의 병원 재산에 대한 사회 환원이었다. 당시 사회 통념으로 흔치 않은 노블리스 오블리주였다. 그는 서울 가회동 집 한 채만을 남기고 사회 고위층 인사에게 요구되는 높은 수준의 도덕적 의무를 실천했다.

1899년 평안북도 정주.

서해로 흐르는 달천강 하구 남양동에서 태어난 백인제는 대한제국 시기였기는 하나 일본의 경제적 수탈을 보고 자랐다. 남양동은 정주 평야에 속했다. '강화도조약'을 통해 조선 침략의 기틀을 마련한 일제는 해안 간척 등을 통해 쌀을 수탈해 갔다.

백인제가 근대 의학의 선구자, 항일 애국자가 된 배경에는 그의 고향과 무관하지 않다. 평북 정주는 1885년 이래 기독교계의 의료·교육 선교가 본격화되면서 개화가 그만큼 빨랐다. 미국 기독교북장로회 선교사들이 평양과 정주, 선천 등을 중심으로 교회, 학교, 병원을 세웠고 그 영향 아래 정주에서는 수많은 인물이 나왔다. 3·1운동의 지도자 33인 가운데 이승훈 이명룡 김병조가 정주 출신이다.

01_1942년 무렵 백외과의원 증축
02_1937년 백인제 박사의 장폐색증 관련 수술 강의. 일본인 제자들이 그림으로 남긴 것이다.

또 역사학자 김도태, 교수 현상윤 백낙준, 언론인 방응모, 농민운동가 김공선 백중빈, 사회사업가 안병헌, 문필가 이광수 김소월 등 근대기 인물이 정주를 중심으로 활동하며 백인제의 삶에 영향을 주었다.

이 가운데 교육자이자 독립운동가인 남강 이승훈(1864~1930)은 백인제의 큰 스승이었다. 남강은 가난한 시골 선비의 아들이었으나 유기 행상과 공장 경영으로 돈을 모았고 대실업가가 되었다. 자본 축적을 모르던 전근대 조선 사회에서 청교도적으로 살며 대자본가가 됐다.

남강의 이러한 청교도적 자본 사상은 백인제의 재단법인 설립에 결정적 영향을 미쳤다. 더욱이 남강은 관서지방의 자산가들만이라도 큰 민족자본을 만들어 일제의 자본 침투 등을 막아야 한다는 '관서자문론'을 주장했다.

하지만 을사늑약과 경술국치로 나라가 기울자 남강은 고향 정주에 '오산학교'를 설립하여 민족학교로 성장시켜 나갔다.

백인제가 바로 이 오산학교(현 서울 오산중고등학교 전신)에서 공부하며 민족의 미래를 준비하는 선각자가 되었다. 조만식·이광수·김소월 등은 오산학교 교사였다. 이승훈·안창호 등은 오산학교, 평양 대성학교, 선천 신성학교 등의 지도자 등과 함께 교육을 통한 구국운동에 나섰고 비밀결사 '신민회' 사건으로 모진 탄압을 받는다.

백인제는 오산학교에서 민족 의식 속에 성장하며 성실로써 공부해 수석을 놓치지 않았다. 그리고 1916년 경성의학전문학교(서울대 의대 전신)로 진학한다. 당시만 하더라도 우리의 의료 현실은 서양 선교사 중심의 의료 선교와 일본 군진의(軍陣醫)가 전부였다.

백인제의 후배이자 제자인 '무소유의 의사' 장기려(1911~1995·막사이

01_서울 종로구 가회동 민속문화유산으로 남은 '백인제가옥'. 백인제는 생전 노블레스 오블리주를 실천했다.

사이상 수상)는 "백 선생님은 4년 동안 수석을 놓치지 않은 공부벌레"였다고 회고했다. 하지만 의전 교수진은 모두 일본인이었고, 해부학 교수 구보 같은 이는 "한국 사람은 원래 해부학상 야만에 가깝다"는 폭언을 하던 시대였다.

한데 재학 중 3·1만세운동이 일어났다. 백인제는 독립선언문과 함께 태극기를 들고 거리로 나갔다.

"만세 시위를 하며 종로로 나가는데 순사들에게 붙잡혔어요. 그때 보니 백인제 선생도 연행되어 왔더군요. 백 선생은 경성의전 학생 대표로 시위를 주도했어요."(경성의전 후배 현규환 증언)

경성지방법원 심문 기록은 백인제 일행이 대한문과 무교동을 거쳐 종로로 나와 동대문까지 행진했다고 했다. 백인제는 10개월의 옥살이를 해야 했다. 백인제가 장기려에게 털어놓은 심정이다.

"백인제 선생님은 일본 경찰이 얼마나 간악하게 사람을 괴롭혔든지 '감옥 문을 나오니 한없이 도망가고 싶더라. 이 조선 땅이 아닌 곳으로 한없이 도망가고 싶더라'라며 눈물을 글썽였어요."

그는 투옥과 퇴학의 고초를 겪었다. 친구가 "자네가 지금까지 걸어왔던 인생길을 그냥 매진하게. 그것이 자네와 동포를 위한 길이네"라고 설득했다. 백인제는 독립운동가들이 모여 있는 중국 상해로 갈 요량이었다.

그리하여 백인제는 멀리 보고 반일 투쟁 대신 의학자의 길에 매진했다. "질병에 허덕이는 국민을 치료할 의사가 없는 식민지 조국에 헌신하고 싶었다"라고 말했다. 민중의 고통을 덜어주고 후진을 양성해야겠다고 생각했다.

조선의 수재 백인제가 3·1만세운동의 학생 지도자로 참여한 후유증은 컸다. 10개월간의 옥살이에서 나오니 퇴학 처분을 받았다.

졸업을 거의 앞둔 의학도에게 사형 선고나 다를 바 없었다. 그는 김구 등 조선의 지도자들처럼 중국 망명을 꿈꿨다. 그렇지만 "질병에 허덕이는 조선 민중을 치료할 의사가 없는 조국을 위해 걸어왔던 인생길을 가라"는 친구의 권유에 주저앉았다.

1920년 4월 백인제에게 경성의전 복교가 허용됐다. 학교 전체 수석을 놓치지 않았던 수재이기도 했고, 일본인 교수들의 탄원 등도 작용했다. 또 한국인의 거센 3·1항쟁에 놀란 사이토 총독의 문화정책도 영향을 주었다.

복교한 백인제는 '공부벌레'가 됐다. 그리고 이듬해 수석 졸업했다. 하지만 조선총독부는 그에게 의사면허를 주지 않았다. '요주의 인물'로 보고 더 검증하겠다는 속셈이었다.

그에게 '조선총독부의원' 근무 명령이 내려졌다. 2년간 의무 근무하면 의사면허를 주겠다는 조건이었다. 백인제는 묵묵히 받아들였다. 하지만 입국(入局)은 했으나 온전한 외과 의사가 아니었다. 주어진 일은 마취 전담이었고 조수(助手)도 아닌 부수였다. 마취 일은 번거롭고 빛이 나지 않는 일이라 많은 외과 의사가 꺼렸다.

한데 이 기간 그가 체득한 마취 기술은 '질병에 허덕이는 조선 민중을 치료할' 결정적 의술이 되었고 '재단법인 백병원'이 발족할 수 있는 바탕이 됐다. 백인제의 제자이자 경성의전 후배인 장기려 박사는 "당시 선생님의 심마취(深痲醉)와 수기(手技)는 예술이다 라는 인상을 깊이 받았다"라고 회고한 바 있다.

백인제가 일제강점기와 해방 직후 한국 최고의 외과 명의로 명성이 높았던 이유가 이때 갈고 닦은 마취 기술 덕에 어떠한 위중 환자라도 수술이 순조로웠기 때문이다. 마취의 2년은 되레 '조선 의사 백인제'에게 날개를 달아준 셈이었다.

사실 백인제가 젊은 의사로서 왕성한 활동을 하던 1930~40년대는 그야말로 모든 분야에서 일제 군국주의 병영화가 진행됐다. 1940년대 들어선 의학생조차 전장에 보내는 시대였다. 백인제는 이 시절에도 명의로 소문나 전국 각지에서 환자가 몰렸다. 멀리 북만주에서도 그를 찾아왔다.

어느 해 '조선의 금광왕'이라 불리던 부호가 재력을 바탕으로 진찰받는 순서를 바꿔 달라고 압력을 넣었다. 백인제는 "순서대로 기다리시라"하고 단호하게 말했다. 일본인 환자에게도 마찬가지였다. 권력과 재력에 흔들리는 법이 없었다.

또 제자들 앞에서 자신의 임상 실패담을 거침없이 얘기했다. "선생의 잘못에서도 너희들이 배워야 한다"라는 철학에서였다. 단 그는 자신이 일본 의사들에 비해 실력 없다는 소리를 듣지 않고자 늘 노력했고 그들 앞에 당당했다. 그 모습을 한국인 제자들에게 보여주려는 '퍼포먼스'도 하곤 했다.

백인제가 모교 경성의전 교수를 겸하던 무렵 창씨개명이 노골화됐다. 그의 오산학교 스승이자 환자이기도 했던 소설가 춘원 이광수 (1892~1950)는 2·8독립선언문을 기초하던 기개는 어디가고 가야마 미츠로로 창씨개명 후 뼛속까지 일본인이 되고 말았다.

"창씨 문제가 나왔을 때 유명인이 솔선 창씨하여 시범해 달라는 부탁을 받았으나 백인제 선생은 항변, 거부하였다. 2차 대전 중에는 학병 출정 권유 문제가 유명 인사들에게 위촉됐으나 의연하게 그 강연 권고를 피하셨다"(제자 김희규 전 가톨릭의대 교수 증언)

백인제는 일제 말 병영화와 친일 강요에 개업을 택했다. 조선인으로 도쿄제국대 의학박사이며 경성의전 교수 등 명성과 권위를 누릴 수 있었음에도 청년기 가졌던 '질병에 허덕이는 조선 대중을 위한 의술'을 펼치자고 개업을 택했다. 그것이 서울 중구 저동의 '백인제외과의원' 즉 재단법인 백병원의 시작이었다.

'…장차 도래할 새로운 국가의 건설과 신문화의 창진에 대비하여… 황폐한 세태의 와중에도 불구하고, 아니 이러한 사회상에서 민중이 진로를 찾지 못하는 세태인지라…의학의 부분에서 미력이나마 공헌할 결심이다. …우리의 인적, 심적 출자 또한 반드시 초라한 결과를 낳지 않으리라는 생각에서 감히 얼마 안 되는 사재를 바쳐 본 재단법인을 설립하는 바이다'(1946년 11월 '재단법인 백병원 기부행위' 설립취지 및 정관에서)

백인제는 서울 가회동 전통가옥(민속문화재 22호) 한 채만 남기고 사회에 기부했다. 그리고 '건국의사회' 조직 등으로 대한민국의 의료보건의 틀을 마련하고자 했다. 그러나 그의 원대한 꿈은 1950년 6·25전쟁 발발과 함께 그해 7월 납북됨으로써 끝나고 말았다.

그럼에도 그의 뜻은 후손과 제자 등에 의해 계속돼 인제대학과 주요 백병원으로 남아 있다. 인제대 의대 출신 고 이태석(1962~2010) 신부가 백인제의 인술을 이었다고 할 수 있다. 이태석은 아프리카 남수단에서 아픈 환자들을 희생으로 돌보다 건강 악화로 순직했다.

의대생들의 3·1만세운동

1919년 3월 1일 경성의전과 세브란스의전 의학도들은 민족지도자들과 연합하여 파고다공원(탑골공원)을 중심으로 항일시위를 벌였다.

01_민족학교 오산고보 시절 백인제(왼쪽)   02_청년 시절 백인제(오른쪽 끝)

조선총독부 보고에 따르면 체포·구금된 학생 가운데 경성의전 학생이 31명으로 가장 많았다. 이어 경성고보 22명, 보성고보 15명, 경성공전 14명 순이었고 세브란스의전은 4명이었다. 백인제는 경성의전 학생 대표였다.

01_1928년 백인제 결혼식. 소설가 춘원 이광수(신랑 오른쪽), 춘원의 부인이자 의사인 허영숙(신부 왼쪽)이 들러리로 참석했다.

한편 의대생들은 약 20~30%가 옥고를 치른 뒤 복학하여 의사의 길을 걸었다. 하지만 나창헌(1896~1936)처럼 검거를 피해 중국으로 망명, 무장 투쟁한 예도 있다.

또한 3·1운동 좌절 울분은 경성의전 구보 다케시 해부학 교수의 망언 등으로 더욱 격화되어 동맹휴학 투쟁으로 이어지기도 했다.

공산당 '정판사 위폐 사건' 연루 납북

우리나라 최초로 자신의 병원을 재단법인화하여 노블리스 오블리주를 실천한 백인제는 해방 후 의료계 지도자로, 사회활동가와 문화활동가로도 역량을 보인다. 또 보건의료를 대표하는 정치가로도 활동했다.

한데 백인제는 6·25전쟁 발발 후 동생 백붕제와 함께 돌연 납북되고 만다. 해방 직후 조선공산당의 위조지폐 사건인 '정판사 사건(1946)' 때 구속됐던 공산당원에 대한 불리한 의료 감정서 등이 작용했다고 한다. 백인제는 조선신학교 송창근(1898~1950·독립운동가) 목사 등과 '단장의 미아리고개'를 넘은 것까지 확인됐다.

납북 후 압록강변 만포에서 소련적십자병원 외과의로 일했다는 설도 있으나 확인된 바 없다. 그의 아들 고 백낙조(전 인제학원 이사장)는 "강제로라도 모시고 한강을 건너지 못했던 것이 너무나 아쉽다"라고 했었다.

"민족의 해독 결핵, 매독, 기생충" 퇴치 이영춘

이영춘
(1903~1980)

전북 군산간호대학교 교정 내에 '이영춘 가옥'이 있다. '이영춘 가옥'은 전북 유형문화재이다. 1920년대 호남평야 농장주 구마모토 리헤이 별장으로 건축됐다.

이 가옥은 근대 의사 이영춘 박사가 해방 후부터 주거해 '이영춘 가옥'이라 불린다. 이영춘은 세브란스의전을 졸업하고 교토제국대학에서 의학 박사 학위를 받은 인물이다.

그는 평남 용강에서 태어나 평양보통고등학교를 졸업하고 대구에서 교사 생활을 했다. 젊은 시절 근막염에 시달리다 우연히 세브란스의전 출신 김찬두(운동가)에게 치료 받다 그의 권유로 세브란스의전에 진학했다.

그리고 '가난과 질병에 시달리는 조선 민중을 위해 헌신하는 의사가 되라'는 스승의 가르침에 시골 의사로 한 평생을 살았다. 그에게 '호남평야의 슈바이처' '나라를 구한 의사' '위대한 돈키호테' '거룩한 바보' 등의 수식이 붙으나 '시대의 어른'이란 표현이 적합할 듯하다. 평생 인술을 펼쳤고 교육자, 사회사업가, 계몽운동가로 살았기 때문이다.

그는 농사가 국가 생산력의 전부이던 시절, 도시 병원의 초빙은 물론 해방 후 높은 관직 제의에도 결코 흔들리는 법 없이 시골 의사로 살았다.

"농민이 원천이다. 무지와 질병, 궁핍이라는 삼중고에 시달리는 농촌을 위해 일해야 된다"라는 스승 및 선배들의 가르침을 실천했고 또 후배들에 권했다. 무엇보다 일제강점기 및 해방 후 농촌은 예방의학 정착이 절실했다.

1935년 4월.

호남평야 구마모토농장에는 조선인 소작농 2만여 명이 농사를 짓고

01_세브란스의전 시절의 이영춘   02_세브란스의전 졸업 후 생리학교실 조교 시절 이영춘(맨 오른쪽)
03_개정초등학교 어린이 대상 DDT 살포(1953년)   04_사회복지시설 모세스영아원(1958년)

01_전북 군산시 군산간호대학 내 '이영춘가옥'. 평생 농민 환자를 위해 헌신했던 이영춘 박사가 살던 곳이다.

있었다. 근대식 농법이었으나 일제의 쌀 수탈 정책으로 빚어진 소작
농 증가와 그 소작농들의 위생 및 보건 상태가 심각한 현실이었다.

당시 가난한 조선 대중은 결핵, 기생충, 매독 등에 시달렸고 의사의
손길이 미칠 수 없었던 농촌은 그야말로 자신이 무엇 때문에 죽고, 고
통을 받는지 몰랐다. 미신이 성행할 수밖에 없었다.

그때 구마모토농장에서 전임 의사를 찾았다. 청년 의사 이영춘은 일
본인이 운영하는 농장에서 일한다는 것을 주저했다. 그러나 현장 답
사를 한 이영춘은 질병에 걸릴 수밖에 없는 농민들의 위생 환경에 놀
라 부임을 결심한다. 특히 어린이들 배에서 나온 끔찍한 양의 기생충
에 충격을 받은 것이 결정적 이유였다.

이영춘은 구마모토농장 부설 자혜진료소 소장으로 농민들을 돌보
기 시작했다. 유일한 왕진 교통편은 자전거였다. 늘 무료 진료였다.
진료 대상 지역은 지금의 전북 군산·익산·김제·부안·정읍 등으로 광
범위했다. 그러나 현실은 중일전쟁과 태평양전쟁으로 이어지는 일본
군국주의 발악의 시기였다. 쌀 수탈과 공출이 노골화되고 그만큼 농
민의 삶은 피폐해졌다.

영양실조는 결핵과 같은 질병으로 이어졌고, 무지는 빈곤의 악순환
을 낳았다. 이영춘은 그러한 상황에서도 10여 년간 21만여 명의 환자
를 돌봤다. 호남평야 곳곳의 구마모토농장 소작농만이 아니라 일반
농민도 그를 기다렸다. 왕진 밤길에 자전거와 함께 거름 분뇨통에 처
박힌 적도 있었다.

그는 1935년 자혜진료소를 넓혀 진찰실, 수술실, 약국, 실험실 등을
만들어 진료는 물론 보건, 위생의 개념을 담은 의료시스템을 구축했

01_개정간호대 학생들과 농촌 위생계몽 및 순회 진료를 나가는 이영춘 (맨 앞)
02_농민을 위한 순회 진료에 나선 이영춘   03_한 환자의 뱃속에서 나온 회충. 기생충은 결핵, 한센병과 함께 국민 건강의 적이었다.   04_기생충 퇴치를 위한 농촌 우물 검사

다. 시골 진료소에서 상상할 수 없는 시스템이었다.

여기에 높은 영유아사망율을 주시하고 식수 개선, 의식주 개선 등을 권장했다. 무엇보다 개정보통학교에 우리나라 최초로 양호실을 설치해 학생 건강을 챙기고 양호실을 통해 보건위생 교육을 시켜 이 어린이들이 집으로 돌아가 농촌의 생활환경을 바꾸는 데 일조하도록 했다. 양호실과 양호교사 도입이 그로부터 나왔다.

"농촌이 우리 민족의 원천이라 합니다. … 한데 삼천만 우리 민족의 원천은 어떠합니까. 결핵, 매독, 기생충이 더욱 깊이 농촌에 해를 끼치고 있어 나는 이것을 세 가지 큰 민족의 해독으로 지적하지 않을 수 없습니다. 이밖에 젖먹이와 어린아이 사망률, 나병 문제 등 보건위생 문제가 민족의 원천에 커다란 영향을 끼치고 있습니다."

01_평양고보생 시절의 이영춘   02_1961년 개정병원을 방문한 박정희(가운데) 국가재건 최고회의 의장과 함께 한 이영춘   03_이영춘 박사 진료 모습   04_우량아 선발대회에 몰린 참가 모자들

　1940년 요즘과 같은 1~3차 공공의료 시스템이 이영춘에 의해 실시됐다. 또 한국 최초 결식아동에 대한 급식, 결핵 예방주사 접종 등도 그가 첫 시행했다.

　이영춘은 해방과 함께 비로소 한국형 농촌의료시스템을 실현할 수 있었다. 이런 그의 의지와 달리 지역 유지들은 그에게 자혜진료소 시설과 약품 등을 가지고 큰 도시에서 개업을 권했으나 그는 소작농이 대부분인 호남평야의 민중을 떠날 수 없다고 거절했다. 그리고 세브란스의전 교수 청빙, 미 군정청 보건후생 차장 보직도 거절했다. 소작농들의 간절한 호소가 떠나지 않은 이유였다.

이후 농촌지역의료보험조합 실시, 우량아선발대회, 영아원 설립, 도립병원 설립(현 군산의료원), 전쟁 중 부산경찰병원 설립 등을 주도했다. 농촌 보건을 위해 병원 직원이 '매독 예방 연극'을 실연하게 하기도 했다. 1949년 보건 교사 양성을 위해 개정간호고등기술학교(현 군산간호대학)와 정읍 화호여중·여고 설립 등을 통해 교육운동을 벌이기도 했다.

평생을 농촌위생만을 위해 산 그는 재산 모두를 재단법인에 바쳐 무소유의 삶을 살았다. 그의 호 '쌍천(雙泉)'은 영혼과 육신의 마르지 않는 샘물이듯 사랑이 마르지 않는 인술을 베풀다 그 땅에서 그렇게 흙이 되었다.

복지기관 모세스영아원

지금도 군산 쌍천로에 모세스영아원이 운영되고 있다. 군산간호대학 내에 봉정요양원과 함께 있다. 이 시설은 이영춘 등이 1958년 설립한 아동 양육시설 일심원이었다. 그런데 고아가 늘어 고민하던 중 미국 독지가 루시 모세스 여사가 기부하여 시설을 확충하고 개칭했다.

최근 '거룩한 바보, 쌍천 이영춘'을 펴낸 저자 서종표(향토사가)는 "쌍천이 1951년 개인 재산을 기부해 설립한 재단법인 한국농촌위생원이 모세스영아원을 운영하며 쌍천의 정신은 군산간호대학과 요양원, 영아원 등을 통해 이어지고 있다"라고 말했다.

충북 산골, 의료인 전용섭과 에이커홈

전용섭
(1908~1994)

1970~80년대 충북 영동군은 인구 10만 명을 곧 돌파해 시로 승격될 것이라며 들떠 있었다. 하지만 현재 이곳 인구는 5만여 명에도 못 미친다. 경부선 영동역에 내려 눈을 들어보면 쇠락해 가는 한적한 읍내가 보일 뿐이다. 영동읍은 1980년 때까지 산촌 생활거점의 소도시 역할을 톡톡히 해냈다.

1920년 3월 영동면(현 영동읍) 계산리에서 스웨덴 출신 구세군 사관 에이커홈(한국명 옥거흠·1888~1920)이 장티푸스로 죽었다. 시신은 영동 향교 인근 산자락에 묻혔다. 1914년 선교사로 내한한 32세의 젊은 사관이었다. 구세군은 1865년 성립된 기독교파의 하나로 현재 133개국에 200만 신자를 거느린 개신교회다.

기독교 문명 시각으로 19세기 말과 20세기 초 조선은 비문명화 지역이었다. 미국 기독교 남·북장로회와 남·북감리회는 조선에 신앙, 교육, 의료의 손길을 뻗쳤다. 구세군은 뒤늦게 조선선교부를 구축하고

01_1944년 1월 8일 충북 영동 '구세단병원' 앞에서 고병간 원장 송별 기념 사진. 해방을 7개월 앞둔 시점이다. 고병간은 3·1만세독립운동으로 투옥된 독립운동가이기도 하다. 세브란스의전과 교토제국대학 의학부에서 수학했다. 문교부 차관, 연세대 총장 역임. 사진 설명에 고병간(高平幹康)의 창씨개명이 새겨져 있다.

오지 선교에 나섰다.

충북 영동은 당시 오지로 분류됐다. 에이커홈은 이곳에 의료와 교육 등 근대 문명을 이식했다. 특히 그에 의한 근대 의료 활동은 일제강점기 종합병원 '영동구세병원' 설립으로 이어진다.

충북 지방관으로 부임한 에이커홈 부부는 만연한 장티푸스와 콜레라 퇴치에 앞장선다. 1930년대 세브란스의전 이영춘 박사가 미신에 의지해 질환자를 방치하는 실상을 공개했는데 특히나 영동 등과 같은 오지에선 아래와 같은 민간요법이 통용됐다 한다.

'장질부사 귀신은 소머리를 무서워한다. 두창 귀신은 맛있는 음식을 좋아하고 약을 보면 분노한다. 정신병 귀신은 복숭아 나뭇가지를 제일 무서워한다. 호열자 귀신은 고추 타는 냄새를 싫어하고 당나귀 우는 소리를 무서워한다. 나병 귀신은 맑은 물을 즐겨한다. 자궁병 귀신은 식칼을 무서워한다…'

민간요법 중에는 이런 기록도 있다. '질병 귀신은 쇳소리를 무서워하니 질환자를 철로에 묶어 놓고 굿을 해야 낫는다'는 것이다. 경부선이 지나는 영동 등엔 환자 치료하다 죽는 사고가 발생하곤 했다.

에이커홈은 미신 타파를 위해 영동영문(예배당)에 구제소와 시약소 등을 마련하고 금산·옥천·보은 등의 두메산골을 돌며 위생 계몽에 나섰다. 그러다 장질부사(장티푸스)로 순직한 것이다.

그 뒤로 구세군대한본영과 영동영문을 중심으로 에이커홈의 뜻을 잇고자 하는 영동 구세병원 설립이 본격화됐다. 그리고 1934년 영동면 계산리 야산 아래 3만3000㎡(9900평)의 대지를 마련, 8년여의 공사

01_전용섭 영동구세단병원 행정원장과 구세군교회 어린이·청소년들(1939년 사진).
02_1980년대 충북 영동역   03_구세군 영동영문. 전용섭 행정원장 등이 출석한 일제강점기 사회복지 요람이
기도 했다.   04_옛 영동구세단병원 터. 지금은 사우나시설이 들어서 있다.

끝에 1942년 3층 건물 80평상의 종합병원 '영동구세병원'이 개원됐다.
이태 전 겨우 읍으로 승격한 영동읍에 내·외과는 물론 산부인과, 이비
인후과, 약국 등을 갖춘 종합병원 개원은 놀라운 일이었다.

이 병원은 구세군만국본영의 지원과 지방 유지들의 대지 기증, 미국
기독교 가정단 등의 원조 등에 힘입어 활발하게 운영되다가 도로망이
발달하면서 쇠락했다. 그리고 1972년 문을 닫았다.

'1951~1953년 입원자 1만1200여 명 중 무료 환자가 1만500명이었다.
외래 환자 1만4000여 명 중에는 9500여 명이 병원비를 낼 수 없는 사
람들이었다. 이들은 달걀과 채소 등을 감사한 마음에 치료비로 들고 왔
다.'('코리아 콜링' 선교보고서 중)

초대 영동구세병원 행정원장을 지낸 전용섭 사관(한국인 첫 구세군 사

령관 역임)은 "종합병원 설립을 추진해 나가자 영동경찰서에서 나를 불러 '너희가 신봉하는 하나님이 우리의 천조대신보다 높으냐'며 폭언과 폭행을 해댔다. 유럽과 미국에서 들어오는 지원금과 의료 물자에 시비를 걸며 병원 건축을 방해했다"며 "그럼에도 총독부 후생국장까지 참석시켜 병원을 개원하고 어느 정도 자리가 잡혔다. 의사, 간호사 등과 의약품을 트럭에 싣고 오지 순회 진료에 나선 것도 그 무렵이었다"고 회고한 바 있다.

하지만 병원 개원 시기가 제2차 세계대전 중이었다. 발악하던 일제는 병원 철제 침대까지 공출을 요구했다. 청주도립병원은 철 침대 전부가 공출되고 나무 침대를 쓰고 있었다.

"개원 후 부산~봉천(심양) 상·하행 특급열차 히가리와 아가쓰기가 영동 미륵역에서 정면충돌해 수백 명의 사상자가 생겼어요. 당시 30병상 병원인데 마당에까지 부상자들로 넘쳐났어요. 그 바람에 철제침대를 공출하지 않아도 되는 걸로 해결됐어요."(고 전용섭 증언)

이때 영동구세병원에는 내과 과장에 이용겸(1909~1992·전 북한 방사선학자), 외과 과장 고병간(1900~1964·전 문교부 차관), 부인과장 윤치왕(1895~1982·전 육군군의학교장) 등 세브란스의전 출신 최고의 의료진이 포진하고 있었다. 근대 의학의 선구자들이었다.

영동읍 계산리 구교삼거리에 가면 농협은행 건물이 있다.

이 건물은 일제강점기 영동구세병원 터이다. 1972년 이 병원은 폐원되어 그 건축물 그대로 빈 건물로 남아 있었다. 영동군이 한때 생활보호대상자 생활시설로 사용하기도 했다.

"우리 집이 영동군 매곡면 오지로 산비탈 부쳐(火田) 먹고 살았어요. 어머니가 저를 임신하고 사경을 헤맸어요. 저 병원이 없었으면 죽었을 겁니다. 구세병원이 문을 닫고 비어 있을 때 '귀신 나오는 집'이라고 애들이 무서워했어요. 훌륭한 병원 터라는 걸 아는 이가 드물 겁니다."

한 80대 노인이 자분자분 설명해 주었다. 영동구세병원 터 굴다리 위로 KTX열차가 빛의 속도로 지나가는 시대가 됐다.

01_충북 영동군 영동읍을 가로지르는 영동천. 일제강점기 가난한 조선인을 위해 구세군 출신 의료인들이 산골 읍내에 종합병원을 세웠다. 스웨덴 출신 구세군 사관이자 농촌계몽운동가인 에이커홈은 1920년 영동에서 장티푸스로 죽었다. 그는 오른쪽 산에 묻혔다.

'한센인의 아버지' 의사 김신기 부부

김신기
(1929~2020)

전북 익산시 왕궁면 온수리 금오사거리.

이 한적한 지방도로 사거리에서 그래도 사람을 쉽게 만날 수 있는 곳은 '왕궁농협' 뿐이다.

사거리를 중심으로 중화요리, 세탁소, 자동펌프 점, 미용실 간판 등을 볼 수 있으나 가게 모두가 문을 닫았다. 대신 요양원과 가축인공수정센터 등 축산업 관련 점포만 인적을 느낄 수 있다. 사거리는 늘 조용하다.

1980~2000년대.

이 사거리에 의사 부부가 있었다. 부부는 도무지 병원 경영이 되지 않을 것 같은 이 사거리 '삼산의원'에서 30여 년간 환자를 돌봤다. 그 양옥 2층 병원 자리는 지금 빛바랜 수퍼(가게)와 약국 간판을 단 채 남아 있다.

그 시절 삼산의원이 사거리 남쪽 방향 50m 지점 길가 2층으로 이전한 적도 있었는데 그 병원 자리 역시 휑하다.

당시 이 시골의 의사 부부는 김신기·손신실(1935~2018)이었다. 사람들은 김신기를 '한센인의 아버지' '익산의 슈바이처'라고 불렀다.

부부가 이 한적한 곳에 발을 디딘 것은 1986년이다. 부부는 아무도 부임 않겠다는 시골 의원에 어떠한 조건도 없이 가서 진료를 시작했다. 시골 환자들로선 '부부 의사'가 운영하는 '대형급' 병원의 혜택을 뜻밖으로 누렸다.

부부가 진료를 시작하자 하루 60여 명의 환자가 몰렸다. 부부는 진료비를 받지 않았다. 환자가 사정사정해서 내야 했다.

삼산의원은 1981년 '한일기독의원' 간판을 내걸고 시작됐다. 이 병원 남쪽 1㎞ 지점에 완주군 삼례읍 시내가 있었다. 그런데도 환자들은 읍내 병원에 가지 않고 이곳만 찾았다. 왜냐면 환자 대개가 한센인였기에 외부인 접촉을 꺼려서였다.

김신기·손신실 부부가 부임했을 때도 인근 나환자촌에 사는 사람들이 500여 명에 달했다. 이 나환자촌은 1949년 '익산복지농원'이라는 이름으로 나환자를 집단 수용했고 한때 수용인원이 2000여 명에 달했다. 지역 사회에선 '익산농장'으로 불렀다. 수용자들은 차별과 편견 때문에 농장 밖을 나올 수도 없었고 의료 혜택 역시 받을 수 없었다.

때문에 그들이 살아갈 수 있는 방법은 가축을 키워 중개상을 통해 내다 파는 일이었다. 지금도 이 지역 일대가 가축업이 성한 이유다.

이런 곳에 한일기독의원이 들어설 수 있었던 것은 1970년 전후이다. 일본 구라(求癩)봉사회 회원들이 국경을 초월해 나환자를 위한 봉사활동을 벌이고 병원 설립을 위한 기금을 마련해 줬기 때문이다.

그 시절 서울대 의대생들도 일본 의료진과 합류해 나환자 순회 진료를 했다. 또 연세대 의대 등 많은 학생이 방학이면 스승들과 함께 봉사대를 꾸렸다.

박정희 전 대통령 부인 육영수 여사가 이곳 소외 계층에 구호 손길을 내밀었다. 익산농장 주민들에게 라디오, TV, 문고본 기증 등을 아끼지 않았다. 주민은 이에 감사해 1974년 육영수의 이름을 딴 수인장학재단을 세워 미감아들에게 장학금을 지급, 화제가 되기도 했다.

하지만 한국 사회의 급속한 경제 성장에도 불구하고 나환자촌의 형편은 좀처럼 나아지지 않았다. 의사들이 도시로 집중되면서 한일기독의원에는 의사가 부임하지 않았다.

그 무렵 김신기·손신실은 익산역 앞 중심가의 '삼산의원' 원장 부부였다. 부부가 워낙 정성스럽게 환자들을 돌봐 '부부 명의'로 소문나 있었다. 더구나 삼산의원은 1920년대 이래 익산의 랜드마크일 정도로 유명했다. 김신기의 아버지 의사 김병수(1898~1951·독립운동가)가 세운 병원이었기 때문이다. 병원 건물도 문화재급이었다. 일제강점기 김병수는 계몽운동과 청년운동을 주도했다.

김신기는 아버지가 졸업한 세브란스의대를 졸업했다. 6·25전쟁 중이었다.

김병수는 아들에게 "의사가 박애정신을 갖지 않으면 그건 기술자에 지나지 않다"라고 가르쳤다. 김병수는 이리제일교회 장로였고, 김신기 역시 훗날 그 교회 장로가 됐다. 이들 부자가 가난한 이들의 몸과 마음을 치료하는 의사가 된 것은 신앙과 무관하지 않다.

김신기는 아버지의 유업을 이어 가난한 환자들을 위한 의료 봉사 시간을 아끼지 않았다. 그리고 익산농장을 방문했을 때 큰 충격을 받았

01_독립운동가이자 의사였던 김병수(앞줄 왼쪽서부터 네 번째). 일제강점기 전북 익산 '이리제일교회'를 배경으로 찍은 사진이다. 의사 김신기의 아버지이다.　02_아버지 김병수와 찍은 앨범을 펴보는 김신기. 그의 인술 정신은 일제강점기와 해방 후 가난한 이들을 위해 베풀고 살았던 아버지의 영향이 크다.　03_전북 익산시 왕궁면 '삼산의원'에 들어서는 김신기 손신실 부부. 당시 800여 명의 한센인을 위한 진료를 행했다.　04_1984년 한센인 마을 주민을 위해 목욕탕 시설을 신축하고 기부한 김신기 손신실 의사 부부. 부부의 뜻을 존경한 지역 로터리클럽 등이 동참했다.

다. 집단 수용된 이들은 항생제 한 알이 없어 죽어가는 경우가 흔했고, 감염되지 않은 미감아들이 부모와 뒤섞여 살고 있었다.

김신기는 공군 군의관과 전주예수병원 일반외과 수련의를 거쳤다.

"인턴 시절 제가 여수 애양원(한센인촌)에서 반년가량 일했습니다. 생전 아버님이 했던 말씀이 절절하게 와 닿던 시기였다고 생각합니다. 언젠가는 사람들의 따돌림을 받는 한센인들을 돌봐야겠다고 단단히 마음먹었습니다."

1998년 2월 김신기가 '좋은 한국인대상'(한국전력·MBC 제정)에 선정되어 밝힌 수상 소감이다. 그는 앞서 1993년 '자랑스런 신한국인상'을 김영삼 대통령으로부터 받기도 했다. 그리고 2014년 아산문화대상 의료봉사상을 수상했다. 상금은 모두 한센인을 위해 쓰였다.

그의 이러한 헌신은 전남대 의대를 졸업한 부인의 동역과 지지가 있었기에 빛이 났다. 의사 손신실은 성악가가 되고 싶었던 소녀였다.

부부는 익산 시내에서 삼산의원을 운영하며 안정적 생활을 했다. '적당한 순회진료'도 이어갔다. 그러다 부부는 "이게 아닌데…"라며 모든 걸 내려놓고 의료의 손길이 다급히 필요한 곳으로 달려갔다. 그것이 왕궁면 한일기독의원이었다.

부부는 생활비만 받고 병원을 운영했다. 나환자와 함께한 삶이었다.

01_진료실에서 환자를 돌보는 부부. 한센인마을을 위한 전북 익산시 왕궁면 삼산의원은 1986년부터 시작됐다.　　02_삼산의원을 배경으로 포즈를 취한 부부. 2014년 아산상 의료봉사부문 수상 무렵이다.　　03_일제강점기 서울역 인근 도동 세브란스의대. 연세대 의대 전신으로 김병수 김신기 부자가 이 학교를 졸업했다.　　04_김신기 부부가 1961~1986년까지 운영했던 전북 익산 시내 구 삼산의원 건물. 지금은 익산 근대역사관으로 활용되고 있다. 역사관 개관을 위해 2019년 리모델링하던 모습이다.

그러다 2010년 초반 아내 손신실이 류머티즘으로 진료가 어려워졌고 김신기 역시 심근경색 등으로 병원을 비워야 했다. 후임을 구했으나 그 삼산의원엔 아무도 부임하지 않았다.

기력을 회복한 김신기는 다시 삼산의원으로 돌아가 나환자를 돌봤다. 그리고 그의 나이 구순에서야 청진기를 놓았다.

90세 현역의사 김신기가 후배 의사에게 남긴 유언

내가 의료 봉사를 시작할 때 내 친구에게 이런 얘기를 들었습니다. '한번 시작하면 끝까지 해라. 널 위해서 그만두지 말고 끝까지 해내라.'

그걸 끝까지 해보니 알게 됐습니다. 좋은 일은 오래오래 해야 돼요. 잠깐 기분만 내서 남들에게 보이기 위해 하면 안 됩니다. 속을 썩더라도 오래오래 해야 참 좋은 것이에요. 그래서 이 사회에 도움이 되는 사람이 되길 바랍니다.

인생이 참 무덤덤하네요. 열흘 전만 해도 활발하게 돌아다녔는데 지금은 걷지도 못하게 됐습니다. 이렇게 하다가 죽어요. 한은 없습니다. 그동안 잘 살았어요. 받은 은총이 너무 많아 하나님 앞에 섭섭한 거 없어요. 아멘하고 죽을 수 있어요.

01_일반 관절 환자의 무릎을 살피는 김신기.

01_전북 익산시 왕궁면 한센인 마을. 김신기 부부는 이곳 진료소에서 봉사 진료를 하다가 1980년대 시내 병원을 닫고 이곳에서 병원을 열어 죽을 때까지 헌신했다.

02_산부인과 전문의였던 의사 손신실. 남편 김신기보다 한센인 마을에 먼저 들어가 진료를 시작했다.

03

이 땅을 사랑한 외국 의사들

한국 여성병원의 시작, 스크랜턴 '어머니와 나'

윌리엄 스크랜튼
(1856~1922)

"열네 살 소녀가 작은 병원에 도착했다. 소녀는 외국인 여성들을 보고 겁이 났지만 그런 걸 신경 쓰기에는 너무 아팠다. 소녀는 외국인들이 '침대'라고 부르는 이상한 물건 위에서 눈처럼 흰 시트를 덮고 잤다. 하지만 다음날 깨어나니 안락함, 즉 먹을 것과 따스함, 친절한 말, 심지어 의사와 간호사들의 다정한 미소까지 기다리고 있었다."

('해피스트 걸 인 코리아' 미네르바 구타펠, 1911)

이 어린 소녀는 조선의 옥분이었다. 가난에 찌든 가정에서 태어나 먹을 양식을 대가로 부잣집 종으로 팔린 아이였다. 굶주림과 추위, 무자비한 매질에 시달렸다. 그러다 두 손과 발 하나가 동상에 걸려 쓸모가 없어졌다. 그 주인은 "이용 가치가 있는 사람이 되게 해 달라"라는 말을 남기고 옥분이를 외국인이 운영하는 병원 앞에 버렸다. 죽을 목숨이었다.

옥분이는 '작은 병원'에서 8개월간 열병과 고통 속에서 살았다. 소녀가 어느 날 그를 보살피던 간호사 구타펠에게 말했다. 동상으로 잘린 두 팔과 한쪽 다리를 들며 기쁨의 탄성을 지르면서 말이다.

"보세요 간호사 선생님, 의사 선생님께서 내 고통을 모두 잘라 내셨어요!"

그 '작은 병원'에는 마르다라는 조선인 간호사가 있었다. 조선의 여인 대개가 그렇듯 이름이 없던 천한 신분이었다. '마르다'라는 이름도 병원 사람들이 지어주었다. 마르다가 처음 이 병원에 왔을 때 의료진이 경악했다. 이 환자를 접한 병원장 엠마 언스버거(?~1934)는 이렇게 기록했다.

'그녀의 코와 오른손이 어떤 놈에 의해 잘렸다. 그놈은 한국 풍속으로

01_동대문 볼드윈 진료소　　02_상동교회와 시약소　　03_이화학당　　04_'해뜰 무렵의 동대문'(1921년) 그림. 서양화가 엘리자베스 키스가 동대문 부인병원에 묵으며 그린 그림

그녀의 남편이었다….'

이 비참한 현실이 먼 얘기가 아니다. 1897~1910년대 지금의 서울 동대문에 있던 구제소 '볼드윈시약소' 현장에서 벌어진 실화다. 부패와 무지의 조선은 망국을 코앞에 두고 있었다. 도성 안마저도 콜레라 등 전염병이 창궐해 시신이 널브러져 있었다. 홍인지문(동대문) 인근도 그러했다. 가난한 이들과 사회적 약자 여성은 누구의 보호도 받지 못했다.

'…하인 같은 사람들이 전염병이나 회생 불가능한 병에 걸리면 성 밖으로 추방되어 짚으로 만든 움막 안에서 혼자 살도록 버려지데…성 밖 어느 곳을 가든 이처럼 버려진 환자들을 수백 명씩 발견할 수 있습니다.'(미국 의사 스크랜턴의 선교 편지, 1887)

미 예일대와 뉴욕의과대학을 졸업한 윌리엄 스크랜턴(한국명 시란돈)은 조선의 비참한 의료 현실을 보고 1885년 어머니 메리 스크랜턴(1832~1909·이화학당 설립자)과 함께 서울에 들어왔다. 고종 임금은 서양 의술을 받아들이기 위해 스크랜턴에게 '시병원'이란 이름을 주고 왕립 양호원으로 삼았다.

그러나 모자는 가난하고 소외된 민중에게 돌아가고자 했다. 이를 위해 서울 정동에 한국 첫 여성 전문병원 '보구여관'(1887)을 열고 부설 긴급 의료소인 시약소를 1888년 서울 애오개에 세웠다. 조선 정부가 전염병 환자를 수용했던 활인서(活人署) 터가 긴급시약소였다.

그리고 이듬해 동쪽에도 시약소를 설치했는데 미국의 독지가 '볼드원 부인'의 이름을 따 '볼드윈시약소'라고 칭했다. 바로 이 볼드윈시약소가 근현대 여성 의료의 산실 '동대문부인병원'으로 지금의 이화여대 의료원이다.

이 볼드윈시약소는 1912년 3층짜리 최신식 병원 '동대문부인병원'이 된다. 영문으로는 '릴리안해리스기념병원'이라고도 했다. 서울 정동에 있던 보구여관도 이때 흡수됐다. 릴리안 해리스(1863~1902)는 1897년 내한해 동대문 및 애오개 등에서 조선 빈민 여성들을 치료했다. 그리고 평양에서 인술을 펼치다 전염병으로 별세했다. 그의 이름을 따 릴리안해리스기념병원으로 칭했던 것이다.

현 동대문 옆 '흥인지문공원'은 개화기 가난한 이들에게 인술을 베풀던 서양 의료진이 활동하고 그들로부터 현대 의학을 배우던 '여자의학강습소'(1928년 설립)가 있던 터이기도 하다. 의료·교육·선교 타운이

01_서울 목동 복원 '보구여관'   02_1970~80년대 이대동대문병원
03_1800년대 말 동대문 옆 시약소 및 구제소   04_수원 매향학교. 스크랜턴 모자 설립

었다.

그런데 1993년 '이대동대문병원'이 서울 목동으로 이전하면서 근대
인술의 현장이 흔적도 없이 사라졌다. 한양 성곽 복원 프로젝트 일환
으로 밋밋한 동산을 만들어 놨다. 근대 인술의 현장을 보존하고 기억
해야 할 역사공간인데도 밀어버렸다.

01_메리 스크랜턴   02_서울 정동제일교회 옆 길 '보구여관' 표지석   03_1906년 '보구여관' 간호원양성학
교 예모식

01_서울 목동 이화의료원 목동병원 자리에 복원한 보구여관 정문 부분 사진

조선 전쟁터에 뛰어든 의사 드루

알렉산드로 드루
(1859~1926)

1894년 2월 10일 전라도 고부(현 전북 정읍시 고부면 일원)에서 전봉준 등이 봉기하여 고부관아를 습격했다. 이들은 군수 조병갑의 학정을 성토하고 수탈당한 수세미(水稅米)를 되찾아 농민에게 돌려주었다. 동학농민혁명의 시작을 알리는 신호탄이었다. 동학농민운동 지도자 전봉준(1855~1895) 등이 내건 기치는 '척왜척양 보국안민'이었다.

'왜놈과 양놈을 물리치고 나라와 백성을 구한다'.

그해 3월 고부에서 북서쪽 200리(80km) 지점 군산포에 조선 돛배를 타고 서양인 두 명이 하선한다. 동학군의 '척양' 기치가 들불처럼 번지는 때였다.

이 서양인은 미국인 의사 알렉산드로 드루(한국명 유대모)와 의료사역자 윌리엄 전킨(전위렴·1865~1908)이었다. 이들은 조선이 내전임에도 가난과 병마에 신음하는 그 나라 민중을 구제하겠다고 두 달여의 항해 끝에 입국했다. 그것이 사명이라고 믿었다.

당시 군산은 개항 전이라 전북 옥구군 북면에 속했다. 초가집 150채가 옹기종기 모여 있는 한적한 어촌으로 드넓은 갯벌과 무성한 갈대뿐이었다. 드루는 버지니아주 햄던-시드니대학과 펜실베이니아대학에서 약학을 전공하고, 버지니아의대를 졸업한 인재였다. 이런 그가 히포크라테스 선서와 박애 정신을 실천하기 위해 이름도 모르는 땅 조선, 그것도 당시 제물포에서 3일간 항해 끝에 닿을 수 있는 군산에 내려 호남 땅 최초의 서양 의사가 됐다. 전킨 또한 선교적 사명 하나로 기꺼이 드루와 동행했다.

두 사람은 1885년 조선에 온 언더우드(원두우·1859~1916·연세대 설립자)가 미국 순회를 하며 극동 조선의 비참한 민중의 현실을 전하고 구제를 호소하자 이에 응한 것이다.

드루는 어딜 가나 수술용 칼과 알약 몇 종류를 메고 다녔다. 그러나 누구도 그 서양 의사에게 아픈 몸을 맡기지 않았다. 그해 조선 땅 어디나 콜레라가 대유행이었고 근대 의학 개념의 '호열자(콜레라) 예방규칙'이 반포됐으나 무지했던 백성은 굿에 의존했다.

"유 의사 대인께 아룁니다. … 중한 병신이 되어 죽을 수밖에 없었는데 거룩한 성약을 주시고 긍휼히 불쌍하게 생각해 주신 은혜 감사합니다…."

순회진료 과정에서 만난 천주교인 등 깨인 사람들만이 드루로부터 치료를 받고 위와 같은 감사의 마음을 전했다.

그들이 호남 지방을 순회 진료할 때 조선의 방역 체계는 전무한 상태였다. 인천·평양·의주에 검역소와 피병원(공공병원)이 막 설치될 때였고 의료 인력은 존재하지 않았다. 조선 정부가 선택할 수 있는 방법은 드루와 같이 국내에 거주하고 있는 외국인 의사들을 고용하는 것뿐이었다.

'다행인 것은 입소문을 타고 우리의 위생 조치를 받아들이는 사람들이 생겼다는 겁니다. 우리는 스테이션(군산 수덕산 아래)에서 매일 아침 9시 구제소(후신 구암병원)를 운영합니다. 금강을 따라 위로는 강경까지, 서해안으로는 고군산열도까지 순회진료를 나갑니다. 이제는 사람들이 너무 많이 몰려와 의약품이 떨어져 애를 먹고 있습니다.'('선교 보고' 중)

환자들은 드루의 인술에 감사해 굴, 달걀, 미역, 생선 등을 내밀었다. 그들의 맑은 영혼에 '호남 미션'의 책임자 전킨은 군산에 선교부를 세울 준비를 했다. 드루가 환자 진료에 몰두할 때 전킨은 병원과 학교, 예배당 대지를 물색하고 다녔다.

또한 드루와 전킨은 의료와 복음 사역을 위해 군산·전주·정읍·흥덕·줄포·곰소 등과 영광·무안·목포·해남·진도·고흥·벌교 등을 순회했다. 미국남장로회가 이들의 구제 활동을 위한 답사를 전폭적으로 지원했고, 이들의 선교 보고에 따라 미국 어린이들도 저금통을 깨 조선의 불쌍한 어린이를 돕겠다고 나섰다.

"날 음식을 그냥 먹지 말고 끓여 드시고 음식을 먹기 전에는 반드시

손과 얼굴을 씻으십시오. 우리 눈에 보이지 않은 나쁜 세균이라는 것이 있어 이 때문에 호열자에 감염됩니다."

드루는 가는 곳마다 이렇게 설파했다. 그러나 관아 소속 무당과 한의들이 그들을 양귀(洋鬼)라며 배척했다. 민중은 그들 말을 믿었다. 드루 일행에게 돌이 날아들었다.

그런데 순회 활동 중 조선 주재 미국 공사가 급전을 띄웠다. 호남과 충청 지방에 농학농민혁명이 확대일로이니 즉시 철수하라는 전갈이

01_구암병원과 영명학교   02_드루의 동역자 윌리엄 전킨. 말을 타고 순회 진료에 나서는 모습   03_1920년대 군산 시가도. 오른쪽 자그마한 시가가 구암병원이 있는 곳이다. 애초 왼쪽 번화가에 있었으나 일제가 도시 외곽으로 밀어냈다.

었다. 엎친 데 덮친 격으로 드루가 순회 일정을 소화하느라 발이 퉁퉁 부어 지속할 형편이 못됐다. 이들은 남해안 여수(추정)에서 배를 타고 부산에 도착, 한양으로 되돌아왔다.

드루와 전킨 일행이 두 달여 만에 한양 서소문에 나타나자 "그 척양의 난리(동학농민봉기) 속에 살아 돌아온 건 기적"이라고 놀라워했다.

한편 동학농민군은 드루 등 서양 의사와 교육자, 선교사 등이 조선인을 위해 헌신하는 모습을 보고 군영에 척양을 삭제하고 '진멸왜이(殄滅倭夷)' 깃발만 달도록 했다. 호남 지방 첫 서양인 드루와 전킨 일행의 순회진료는 동학농민운동과 접점을 이루면서 '서양 이미지' 제고에 큰 역할을 했다.

1895년 8월 1일 밤이었다.

서울 관악산 삼막사에서는 한 서양인 부부가 늦둥이를 얻었다. 미국 남장로회 조선파송 의사 드루 부부는 이 기쁜 소식을 이역만리 고향

01_군산 앞바다 고군산 섬 풍경. 지금의 새만금간척지 일대이다. 드루는 배를 타고 이 낙도를 순회 진료했다.

버지니아 가족에게 알리고 싶었으나 통신이 쉽지 않았다.

한데 정작 이들 부부의 현실적 고민은 따로 있었다. 북쪽 평양을 중심으로 삽시간에 퍼지기 시작한 콜레라가 무서운 기세로 남하하고 있었다. 한양 도성 안에서도 매일 수백 명이 죽거나 성 밖으로 격리됐다. 조선 정부의 방역 체계는 성 밖에 병막을 짓고 환자에게 곡식 몇 줌 쥐어준 후 방치하는 것이었다.

그렇게 부모와 자식이 버려지면 백성들은 무당의 권유로 병을 일으키는 귀신에게 제사를 지내 달래는 것뿐이었다. 할 수 있는 일이 없었다. 다행히 갑오개혁을 통해 근대적 개념의 방역 법규와 방역위원회가 제정됐다. 이때 조선 정부 방역 책임자가 의사 올리버 에비슨이었다. 서양 의학 수용과 함께 '위생'이란 개념이 처음으로 쓰였다.

"여보, 우리 아이를 위해서라도 도성을 벗어나야 합니다. 당신이 이렇게 조선의 환자 치료에만 몰두하고 있다가 하나님께서 주신 귀한 아들을 잃어요. 제발요."

드루 부인은 남편에게 호소했다. 삼막사에 들어온 이유였다.

앞서 부부는 1894년 1월 고향 버지니아를 떠나 샌프란시스코에서 일본행 배에 오른 뒤 2개월의 긴 항해 끝에 목적지 조선 제물포에 닿았다. 그러나 그해 3월 전라도 고부에서 동학농민군이 봉기하면서 임지인 호남 지방을 오가기가 쉽지 않았다.

드루는 서울 정동에서 먼저 나와 있던 선교사 언더우드, 아펜젤러, 에비슨 등과 교류하면서 호남 의료 봉사를 위한 만반의 준비를 했다.

그런데 동학농민 봉기에 청나라와 일제가 개입해 한반도를 그들의 전장으로 삼으면서 약탈과 방화가 이어졌고 재산과 농토를 잃은 농민들이 유랑걸식했다. 게다가 평양의 일본군 진영에서 발생한 콜레라가 전국적으로 번졌다. 많은 사람이 병명조차 알지 못한 채 죽었다.

드루는 조선 입국 초기 서울 서소문 거처에서 제중원(현 서울 을지로 입구)으로 출근하며 콜레라 환자 치료에 전력했다. 제중원은 콜레라 환자뿐만 아니라 농민 봉기로 다친 부상자들로 야전병원을 방불케 했다. 그때 부상자들은 전염병 환자와 같은 공간에서 지낼 수 없다며 소동을 벌이기도 했다. '역병 귀신'이 자신에게 씌울까 병원을 탈출하는 이들도 있었다.

의사라고 온전할 리 없었다. 미 북장로회 소속으로 조선 평양스테이션으로 파송된 의사 윌리엄 홀(1860~1894)이 환자와 부상병 등을 치료하다 발진티푸스에 감염되어 사망했다. 드루의 아들이 태어나기 직전 윌리엄 홀의 유해가 한양 도성 밖 양화진에 안장됐다.

"드루 선생님, 산모의 건강과 아이의 안전을 위해서 당장 진료를 그만 두고 깊은 산 속에서 이 여름 한 철을 보내시고 나중 합류하십시오."

"원장님 그럴 수 없습니다. 콜레라 기세가 도성만이 아니라 계속 남하하고 있습니다. 지난 봄 다녀온 군산과 전주 광주 순천 일대에서도 환자가 속출했습니다."

"이건 방역위원장으로서 명령입니다. 조선에 들어온 의사 모두가 홀처럼 순직하면 되겠습니까."

에비슨이 드루에게 이렇게 휴식을 권했다.

드루는 그때 의료 사역지 호남 스테이션을 개척하지도 못하고 한양에서 발이 묶인 상태였다. 그렇다고 병마에 신음하는 조선 민중을 그대로 두고 볼 수도 없었다. 한양에서 전킨과 구제소를 마련한 이유다. 드루는 전킨의 한양 집 방 두 칸을 진료실 삼아 하루 10~20명의 환자를 돌봤다. 1894~1895년 몇 개월 동안 800명의 환자를 치료했고, 왕진을 통해 100여 명의 환자를 진료했다. 왕진은 고관대작 환자가 많았다.

그리고 상황이 나아졌을 때 드루와 전킨은 호남 진료를 위한 대장정에 나섰다. 두 사람은 일제에 의해 무참히 살해된 시신이 호남과 충청도 들판에 버려진 현실을 보고 눈물을 흘려야 했다. 드루는 그 농민항

01_드루의 인술 동역자 전킨의 군산 집   02_군산 구암병원. 전북 첫 병원이다.
03_의사 드루와 동역자 전킨이 제물포에서 배를 타고 도착했던 군산 바닷가

쟁 현장에서 부상자들을 치료했다.

그들이 순회 진료할 때 묵는 주막 봉놋방 숙소는 빈대와 벼룩 투성이었고, 구들 열기로 잠을 잘 수 없는 고된 일정이었다.

당시 조선은 보건위생에 무지했다. 그러니 여름철이면 전염병이 창궐했다. 서양 의사 등이 주축이 되어 조선 방역위원회가 조직됐다. 드루는 방역위원회가 제작한 위생 수칙을 고을 수령 등에게 나눠주며 계몽에 힘썼다.

드루의 주머니에는 수술용 칼과 알약이 늘 있었다. 특히 드루는 군산을 중심으로 충청도 서해안과 금강 낀 고을을 주로 순회 진료했다.

그러나 조선 조정과 미국 장로회 선교부는 외국인에 대한 반감이 심한 농촌을 순회진료하는 의사들에게 현장을 떠나 한양 주변에 머물라고 권했다. 여름에는 풍토병에 약한 서양인들이 순직하는 경우가 많았다. 서양 어린이는 풍토병에 더욱 약했다.

드루는 순회진료를 끝내고 올라오면 고도가 높은 산속에서 풍토병을 피했다.

드루는 조선에서 태어난 자식을 지키기 위해 여름철 관악산 삼막사로 피신했다. 그 아들이 삼막사에서 백일을 맞았다. 드루는 기쁜 마음으로 조선식 백일잔치를 벌였다.

삼막사 주지 승려가 서양 아이 백일잔치를 축하해 주었고 무병장수를 기원해 줬다. 드루는 '떡케이크'를 돌렸다. 그 무렵 윌리엄 레이놀즈 선교사 부인이 아팠고, 전킨의 장남 조지가 풍토병으로 죽은 후여서 이 삼막사 잔치는 더욱 뜻이 깊었다.

"하지만 우리는 삼막사 아름다운 산속에서 오래 머물 수 없었습니다. 콜레라가 좀처럼 수그러들지 않고 있습니다. 내 사명은 가난하고 병든 이들을 돌보는 일입니다. 의약품만 지원해주신다면 우리는 우리의 주어진 의무를 계속할 겁니다."(드루 본국에 보낸 의료 사역 보고 중)

드루의 노력 등으로 콜레라가 어느 정도 진정됐다. 드루와 전킨은 1896년 군산스테이션을 개척해 구암병원을 세우고 의료 사역을 계속했다. 1896~1897년 총 4000명의 환자를 돌봤다. 드루는 '뜨거운 심장을 가진 의사'로 불렸다.

1901년 드루는 끝내 풍토병으로 건강을 잃고 본국으로 강제 송환됐다. 귀국 후 캘리포니아 오클랜드에 살며 샌프란시스코 항만 검역관으로 일했다.

어느 날 드루는 미국 입국 비자도 없이 끌려가는 조선인 청년 부부를 목격하게 된다. 드루는 그 청년 부부의 신원 보증을 서고 구출해 냈다. 그들은 독립운동가 도산 안창호(1878~1938) 부부였다. 드루는 그렇게 조선을 잊지 않고 재미 독립운동가 등을 돌보다 한 평생을 마쳤다.

의료사역자 전킨은 누구

미국 버지니아 태생으로 유니언신학교를 졸업했다. 1891년 언더우드의 조선선교보고대회에 참석, 조선 선교를 자원한다. 1894년을 전후로 동행한 의사 드루와 호남 민중 구제에 힘썼다. 그의 활동으로 군산 구암병원과 전주 예수병원의 기틀이 마련된다. 군산에 영명남학교(군산제일고)와 멜볼딘여학교(군산영광여고)도 설립했다. 그는 서울과 군산에서 풍토병 등으로 아들 셋을 잃었다.

2017년 호남 근대화를 앞당긴 드루와 전킨의 생애를 기념하기 위한 전킨·드루 도착 기념비가 군산 바닷가에 세워졌다.

전북 군산과 호남 지역 근대 의술

드루는 미국 버지니아 의학부를 졸업하고 1893년 러스를 만나 결혼했다. 그리고 신혼여행도 생략한 채 한국선교에 나서 1896년 2월 군산 스테이션을 개척했다. 소문을 듣고 매일 몰려오는 환자가 하루 50명씩이나 되었다. 이렇게 하여 1896년 한해 진료 2700건, 간단한 외과수

01_안양 석수동 삼막사. 관악산 자락으로 의사 드루가 한 여름 풍토병을 피하기 위해 머물던 곳이다.   02_드루 일행(군산포에 도착하는 모습) 추정   03_서울 대학로 도산 안창호 흉상. 드루가 미국으로 돌아가 샌프란시스코항 검역관으로 일할 때 배를 타고 미국에 닿은 안창호 부부의 보증서를 써주었다. 두 사람은 안면이 없었으나 조선 청년을 드루가 구해준 셈이다.

술이 600건이었다.

1899년 5월 개항으로 군산스테이션이 수덕산 아래에서 궁멀(구암)로 이전했다. 그리고 그해 12월 21일부터 구암병원을 운영했다. 초대 원장이 드루였다. 2대 병원장으로 1902년 알렉산더 존 알렉산더(1876~1929)가 병원장으로 부임하였으나 도착하자마자 곧 부친의 사망으로 귀국하게 되어 문을 닫게 되었다.

그 후 3대 원장으로 1904년 8월 다니엘 부부가 파견되어 다시 병원을 열게 되었다. 1905년에는 미국 남장로교회 최초의 간호사 케슬러가 옴으로 명실상부한 병원 체계를 갖추게 되었다. 1906년 위에 언급한 알렉산더가 거금을 보내와 한옥으로 된 새로운 병원을 신축했는데 이 병원을 에킨슨기념병원이라 부르기도 했다. 진료실, 수술실 그리고 18개의 병상을 갖춘 2개 동의 규모였다.

의사 오긍선은 알렉산더의 초청과 후원으로 미국 루이빌 의과대학을 마치고 1907년 11월 6년 만에 귀국하여 4년 동안(1907~1910) 4대 원장으로 근무했다. 그리고 5대 원장 야곱 패터슨(1910~1924)으로 이어지면서 민중병원으로서의 진료가 계속됐다.

1924년 패터슨이 귀국하고 6대 원장 브랜드 원장에 이어 7대 원장에 홀리스터 원장이 책임 맡아 운영하였으나 태평양전쟁으로 국내에 있는 모든 선교사들이 강제 출국 당하게 된다. 이들을 대신해서 구암병원을 지킨 한국인 의사로는 세브란스의전 출신 강필구와 홍복근이 있었다. 홍복근 아버지 홍원경(1945년 작고)도 구암병원 의사로 활동하였다. 구암병원은 8대 홍복근 원장이 1937년부터 1941년까지 운영하다가 결국 폐쇄되었다.

남한산성에서 순직한
뉴욕의대 출신 엘리트 의사 존 헤론

존 헤론
(1856~1890)

그 해 여름.

어느 해보다 무덥고 습했다. 여느 해와 다를 바 없이 조선 전국에 역병이 돌았다. 조선 정부가 할 수 있는 일은 사후적 조치뿐이었다. 그간 대민 의료 기관이었던 '혜민서'와 '활인서'도 혁파된 마당에 괴질과 여역(癘疫)을 막을 재간이 없었다.

더구나 근대적 위생개혁론을 주장하던 개화파가 갑신정변(1884)으로 모조리 숙청되어 백성이 괴질로 죽고 사는 문제는 그저 팔자소관이었다. 백성은 무속에 의지할 수밖에 없었다.

그런데 갑신정변이 가져온 희망 하나가 있었다. 1884년 말 서울 견지동 '우정국' 쿠데타 당일 정변 세력에 수십 군데 자상을 당한 권력자 민영익(1860~1914)을 미국인 의사 호레스 알렌(1858~1932)이 서양 의술로 살려낸 것이다.

고종은 이를 계기로 국립병원 광혜원(제중원) 설립을 허가했다. 건물 등 하드웨어는 조선 정부가 대고 의술 등 소프트웨어는 알렌 등 미국인 중심의 서양 기독교 의료진이 맡았다.

제1대 제중원장은 알렌이었다. 사실상 우리나라 첫 근대식 병원 설립(1885)의 기획자였다.

의사 호레스 알렌

그런데 그가 1887년 조선 정부의 참찬관이 되어 미국으로 가게 되면서 미국 테네시의대와 뉴욕의대 출신 엘리트 의사 존 헤론(한국명 혜론)에게 2대 제중원장을 맡겼다.

헤론은 영국 출신 미국 이민자 1.5세대였다. 그는 모교 테네시의대 초빙 교수의 영예를 뒤로 하고 1885년 6월 미지의 나라 조선에서 인술을 펼치겠다고 들어온 것이다. '병들고 가난한 이웃을 살펴라'라는 성경 말씀을 따랐다.

제물포를 통해 들어온 혜론 부부를 맞이한 이는 알렌이었다. 그도 조선에 정착한 것이 불과 10개월 정도에 지나지 않아 물정에 어두웠다. 혜론 부부는 선임자 알렌을 따라 돈의문(서대문)으로 들어와 알렌이 살던 지금의 서울 정동에 주거지를 마련했다. 정동 현 예원학교 운

01_알렌의 검안경   02_갑신정변(1884) 당시 자상 입은 조선 관료 민영익을 치료하는 알렌의 모습을 담은 삽화

동장 일대가 조미수호통상조약(1882) 체결에 따라 입국한 미국인들의 체류지였다. 그 체류지를 경계 삼아 미국공사관(현 미국대사관저)이 들어섰기에 미국인 공동 주거지가 형성될 수 있었다.

알렌은 실력자 민영익의 자상 수술을 통해 벼슬을 얻고 조선 외교가에서 명성과 영향력을 얻었다. 진료보다 병원 경영에 수완을 발휘했다.

의사 혜론은 조선에 온 서양인 대개가 20대 초·중반이었던 것과 달리 상대적으로 늦은 나이(29세)에 입국했다. 미혼으로 조선에 온 서양인 개화 선구자 게일(기일·1863~1937), 모펫(마포삼열·1864~1939) 등과 비교하면 기혼자였고, 안정되고 차분한 학자 타입이었다. 말수도 적었다.

그런 그에게 위생과 보건 개념이 전혀 없는 조선 백성은 보살펴야 할 대상이었다. 실제로 죽는 날까지 병든 이들을 위해 헌신과 사랑으로 대했다.

혜론은 조선에 도착한 직후 미국 기독교북장로회 해외선교부 엘린우드 총무에게 이런 서신을 보냈다.

"…저의 사명이 단순히 저의 의술을 시행하는 것이 아니라 '위대한 의사'를 전하는 것임을 잊지 않고 있습니다. …외래 환자는 벌써 하루 평균 60명에 달하고 멀리 떨어진 시골에서도 환자들이 자주 오고 있습니다."

조선에 도착한지 한 달도 되지 않은 서양 의사에게 제일 필요한 것은 누가 생각해도 언어였다. 그런데 헤론이 한양에 들어섰을 때 제중원이 개원한 지 불과 두 달밖에 되지 않았다. 그러다보니 환자들로 북새통이었다. 또 정부 주도의 병원이다 보니 신경 써야 할 고관대작 환자가 많았다. 언어 배울 틈이 없었다. 하지만 머리가 비상해 금방 한국어를 습득했다.

헤론은 정동에서 재동(현 헌법재판소 자리) 병원까지 출퇴근을 했다. 오전 9시 도착하여 오후 4시까지 진료를 봤다. 그가 부임하면서 제중원은 외과 수술 뿐 아니라 천연두, 학질, 천식, 각혈병 등 못 고치는 병이 없다는 소문이 장안에 퍼졌다.

이 무렵 조선인 사망자의 절반은 천연두(두창) 때문에 죽었다. 귀한 자식을 천연두로 잃은 부모들은 넋이 나가 울었다. 하지만 조선의 의료는 '귀신의 장난으로 걸리는 역병'으로 보고, "제사를 모시거나 방사(房事)하지 말 것"을 권하는 것이 고작이었다.

이 조선의 의료 현실을 목격한 헤론은 퇴근을 포기하고 진료에 임했다. 헤론 부임 첫 해에만 1만5000여 명이 진료를 받았다. 40개 병상은 미어터졌고, 외래 환자는 줄을 서야 했다. 헤론은 그 과정에서 제중원이 구제 병원임을 명확히 했다.

헤론 부임 초기, 알렌은 자신의 정치적 위상 때문에 고관대작 왕진 진료를 주로 했고 그 진료를 헤론에게도 시켜 이익을 챙겼다. 헤론의 인술 철학에 반하는 일로 헤론과 알렌의 갈등 원인이기도 했다. 헤론은 '민중 속으로'를 외쳤다.

이러한 헤론의 대중 구료 정신은 유교 윤리로 인해 병원 문턱에도 못 와보고 사소한 부인과 질병에도 사망하는 의료 현실을 해결해 나가는 과정에서도 엿볼 수 있다. 그는 무엇보다 아내 해리어트 깁슨

01_서울 재동 옛 제중원 터. 지금의 헌법재판소 자리이다.
02_재동 제중원 옛 사진
03_남한산성 수어장대. 헤론은 남한산성에서 숨진 것으로 알려졌다.
04_19세기 말 서울 정동의 서양인들이 여름철 풍토병을 피해 남한산성으로 떠나는 것으로 추정되는 사진. 맨 오른쪽 서양인이 헤론으로 추정된다.

(1860~1908)이 임신 중이었기에 산모 진료를 위한 부인과 신설을 인식했다.

헤론은 알렌과 함께 미국 본부에 연락을 취해 "여자 의사를 보내 달라"고 호소했다. 1886년 애니 앨러스(1860~1938·서울 정신여고 초대 교장)가 부임하고서야 여성 진료가 시작됐다. 이렇게 재동 제중원은 남녀노소에 필요한 첫 근대 종합병원으로 자리 잡아갔다.

1886년 그 해 여름. 조선 전체에 콜레라가 만연했다.

역병과 마주한 헤론은 당연히 민중 속으로 뛰어들었다. 그는 서양 침(주사기)으로 길거리에서 쓰러진 환자에게 침을 놓았다.

"참으로 명의요, 살았소 살았소. 우리 모두가 살았소."

장안 사람들은 모두 헤론을 우러러 봤다.

1890년 7월, 조선 전역은 여느

해와 마찬가지로 전염병이 돌았다. 이질, 학질, 장질부사 등으로 한양 도성을 포함 조선 팔도 어디나 시신이 나뒹굴었다. 시름시름 앓던 이들은 마을 밖으로 내쫓겨 움막에 거했다.

당시 헤론은 구리개 제중원 원장이었다. 명동성당 정문 아래가 제중원과 제중원의학교, 직원숙소였다.

이 제중원으로 도성의 환자가 집중됐고 대기자가 긴 줄을 이뤘다. 조선 사회는 보건과 위생에 대한 개념도 없었던 때였다. 전염병 대책이 있을 리 없었다. 헤론 등 서양 의사들이 참여한 방역위원회가 있기는 했으나 서국의(西國醫)의 조언을 알아들을 수준이 못됐다.

앞서 1888년 '영아소동'이 나면서 '척양' '양귀'라는 사회적 공포가 서양 의사들의 운신의 폭까지 좁혔다.

따라서 제중원 진료는 영아소동 이전 '민중 속으로' 찾아 나서던 대면 진료와 달리 위축이 되어 원내에 머물 수밖에 없었다.

영아소동은 서양인들이 치료를 빙자하여 아이들을 살해하고 잡아먹는다는 소문이 시작이었다. 끝내 폭력사태를 불러 수십명의 사상자가 발생하고서야 진정되었다. 헤론 등 서양 의사와 그 가족들은 머리맡에 권총을 두고 살아야 했다.

사실 헤론이 입국하기 전까지 한국의 근대 의술은 존재하지 않았다. 1885년 4월 설립된 제중원 1대 원장이 알렌이었으나 경영에 몰두하느라 체계를 갖출 수 없었다. 또 헤론보다 앞서 제중원에서 1~2개월 간 진료를 봤던 스크랜턴은 자신의 의술이 조선의 고관대작들보다 백성들을 위해 쓰이는 것이 바람직하다고 보고 정동에 개인의원 시병원을 개원해 나가 버렸기 때문에 실제 국가의 근대 의학이 헤론으로부터 시작됐다.

서울 재동 제중원은 개원과 동시에 외상 병원으로 선풍적 인기를 끌었다. 전통 의학에서는 감당할 수 없었던 자상과 같은 절단 봉합 수술은 그야말로 상상할 수 없었던 외과술이었기 때문이다. 또 미국 등서 공수해 온 투약 처방이 완치율을 높였다. 서양 알약은 만병통치약이었다.

헤론은 조선인의 질환을 18개 계열로 나누어 파악하기 시작했다. 환자 가운데는 감기 등 발열 환자가 가장 많았다. 다음이 설사와 소화불량 등에 따른 소화기계, 이어 천식, 반신마비, 간질 등의 순으로 이어졌다. 당시 현미경이 없어서 디스토마 환자가 분류되지 않던 시절이었다.

이와 함께 후진국형인 이질과 기생충 관련 환자, 풍토성 학질 환자도 많았다. 개항지를 중심으로 성병도 급속히 퍼졌다. 매독과 같은 질병은 전통의에 비해 치료를 잘한다는 소문이 돌면서 모두 제중원으로 몰렸다. 나병 환자도 줄을 서면서 제중원 인근은 늘 소란했다. 특이한 점은 소년 항문 매독이 많았고 환관의 임질도 기록됐다.

헤론은 고종의 주치의이기도 해서 한 시도 쉴 틈이 없었다. 1889년 5월 그는 본국으로 보낸 보고서에 "20개월 이상 정성을 다해 진료 활동을 한 결과 이제 제중원이 본궤도에 올랐다"며 "저는 (유흥 등을) 즐기는 일 없이 전적으로 진료만 하고 있다"고 했다.

그러다보니 과로의 연속이었다. 더구나 아내 해리어트 깁슨이 두 딸을 낳은 후 산후 건강이 악화돼 긴장을 늦출 수 없는 터라 그 피로감은 말도 못했다.

그럼에도 헤론은 애초 그가 추구했던 구료 활동을 놓지 않았다.

'한국인은 중국, 일본인과 달리 배우기를 좋아합니다. 때문에 학교를 통해 근대 교육을 제공하고 의료 사업으로 국민 건강을 유지하며 동시에 위생 사업으로 전염병을 막아야 합니다. 한국인은 독립적이어

서 근대 교육과 병원을 수용합니다. 우리는 이들을 도와야 합니다.'

1890년 여름. 조선에 입국한 서양인들은 모두 몇 달씩 여름휴가를 떠났다. 풍토병을 피하기 위한 휴가이기도 했다. 헤론이 속한 미국 기독교북장로회 조선선교부 일원도 남한산성에서 집단 휴가를 보냈다. 한데 장안에 전염병 환자가 속출했다. 사망자들이 애오개와 동대문밖 등으로 버려졌다.

헤론은 제중원 원장으로 도성 방역을 진두지휘했다. 그의 조선인 제자들과 함께였다. 그렇지만 쇠약해진 몸은 끝내 이질을 이겨내지 못했다. 그는 아픈 몸으로 남한산성 모임에 갔으나 병세가 더 악화됐다. 그리고 언더우드 등의 기도 속에 눈을 감았다. 불과 5년간의 조선 구료 활동이 끝나고 말았다.

그 시신은 정동 그의 집 뒤뜰에 가매장 됐다. 그러나 '임금의 집인 도성' 안에 시신을 둘 수 없다는 조선 정부의 명령에 따라 외곽 4㎞ 지점 양화진에 묻혔다. 지금의 '양화진외국인선교사묘원'의 첫 매장자였다.

순직 의사 헤론. 그는 한국 현대 의학의 위대한 선구자가 되어 지금도 양화진에 묻혀 있다.

여의사 애니 앨러스

미국 미시건주 버오크에서 장로회 목사 딸로 태어났다. 보스턴의대에서 공부하던 중 조선에서 헤론과 알렌의 부름을 받고 1886년 7월 내한했다. 도착 시 콜레라가 전국적으로 퍼져 곧바로 방역에 투입됐다.

명성황후(민비)
시의 애니 앨러스

역병이 진정되자 제중원 '부인과' 책임자가 되어 여성 진료에 힘썼다. 무엇보다 민비(명성황후)의 시의로서 청진기를 그의 가슴에 댄 첫 여성의료인이었다. 이 때문에 정2품 정경부인에 제수됐다. 앨러스는 정신여학당 설립자이기도 하며 30여 년간 한국의 여성 개화에 큰 역할을 했다.

서울 정동 근대 문명의 현장

서울 정동 예원학교 교정 뒤로 옛 러시아공사관, 옆으로 옛 미국공사관과 영국공사관, 길 건너 옛 프랑스공사관 터가 있다. 지금도 주한 캐나다대사관과 주한 러시아대사관이 각기 옆과 앞에 위치한다.

19세기 말 조선에 들어온 미국 의사들은 막 개설된 미국 주한공사관에 기대어 정동에 자리를 잡고 의료, 교육, 종교 활동을 벌였다.

01_헤론의 순직을 기념하는 묘비석. 2010년 연세대 교정에서 발굴됐다. 지금은 연대 의대 임상의학연구센터에 전시되어 있다.　　02_헤론 부인 해리어트 깁슨. 헤론 사망 후에도 조선에 남아 고아들을 돌봤다.

미국 기독교북장로회 소속 알렌과 헤론은 재동 제중원을 중심으로 인술을 펼쳤다. 미국 기독교북감리회 소속 스크랜턴은 지금의 정동제 일교회 자리에 시병원을 설립했다. 이것이 훗날 각기 세브란스병원과 이화의료원의 뿌리가 된다.

이 두 교파는 대한문에서 서대문으로 이어지는 '덕수궁돌담길'을 가 운데 두고 동쪽은 북장로회, 서쪽은 북감리회가 스테이션을 갖춘다. 이들의 활동으로 정동은 한국 근대 문명의 현장이 된다.

한국 근대 의학교육의 선구자 올리버 에비슨

올리버 에비슨
(1860~1956)

"화장실은 더럽고 그 오물이 좁은 도랑을 타고 흘
러내리다가 넘쳐…우물은 하수로 오염되었고 그 곁
에서 빨래한다. 또 우물 주위로 버린 채소들이 썩어
서 냄새를 진동시켰다. 모든 상상력을 발휘하더라도
너무나도 비보건적이며 비위생적이라고 말해야 옳을
것이다…"(여의사 릴리아스 호튼)

"…남자들과 어린아이들은 흔히 도로에서 용변을 봄으로써 길이라
할 수 없을 정도였다. 사실은 길 전체가 화장실이라고 할 정도이지만 다
행히도 매년 우기가 오면 자연의 덕으로 씻겨 나간다."(의사 서우드 홀)

19세기 후반 조선은 지금의 아프리카 어느 최빈국의 위생 상태와 같
았다. 갖가지 역병이 돌아 수많은 백성이 죽었다. 전통 한의학으로는
역병 퇴치가 안 되니 무당에 의존했다. 당장 민비(명성황후)부터가 무
당에게 진령군이라는 벼슬까지 주어 가며 아픈 자식을 악귀로부터 살
리려 했다.

당시 조선을 여행한 영국 여성 탐험가 이사벨라 비숍(1832~1904)은 "지배자인 양반들은 담뱃대마저 운반해서는 안 될 만큼 극도의 무력함에 젖어 있었다"라며 양반 권력의 부패와 무능이 백성을 벼랑으로 몰고 간다고 지적했다. 그러니 1885년 이후 서양 의사들이 조선에 들어와 본 참상은 어떠했으랴.

　미국 의사 릴리어스 호튼은 남자 의사가 여성 환자의 진맥조차 할 수 없는 조선 현실에 투입된 최초의 근대 여의사였다. 유럽인이 동양을 제국주의적 관점에서 보았던 점을 고려하더라도 조선은 '너무나도 비보건적이며 비위생적'이란 지적이 맞다.

　의사 헌터 웰스는 조선 땅에서 청일전쟁을 벌어지던 그해(1894년) 4000여 건의 환자를 치료했는데 대개가 비위생적인 식습관에서 오는 소화불량과 말라리아였다는 기록을 남겼다.

01_1942년 세브란스병원을 배경으로 한 남대문교회 부흥회 기념 사진

한국 최초 근대식 병원 제중원 원장을 역임한 올리버 에비슨(한국명 어비신)은 "말라리아가 한국에서 가장 흔한 전염병인데 키니네는 이 말라리아를 이길 수 있는 가장 강력한 무기"라고 했다. 이에 선교사 언더우드는 키니네를 최대한 수입하여 매서인(賣書人)들에게 장날 보급도록 해 말라리아 예방에 힘썼다.

콜레라 또한 말라리아와 함께 조선의 대표적 역병이었다. 1886년 선교사 헨리 아펜젤러가 일기에 '도성 안에서 하루에 500명이 죽는다. 하늘은 곡하는 소리로 가득하다. 며칠 사이 3000여 명이 성문 밖으로 실려 나갔다. 정부도 마비 상태다. 왕은 외국인 약품을 호소한다'라고 남겼다.

이 비참한 현실에 미국 및 유럽의 의사들이 박애 정신으로 뛰어들어 근대식 병원을 건립하고 민중 구제에 나섰다. 기왕의 왕립병원 제중원을 서울 재동(현 헌법재판소 자리)에서 구리개(현 을지로 입구)로 옮기면서 '대민구료사업'의 전진기지로 삼은 것이다.

1885년 초 조선 정부는 서양 의학 병원 광혜원(곧 제중원 명칭 변경)을 설립했으나 대민 구료보다 왕실 사람이나 권력자 치료를 우선하는 경우가 많았다. 광혜원은 갑신정변 때 난자당한 권력자 민영익을 서양 의사 알렌이 집도해 살려내고 보상으로 얻어낸 병원이었기 때문이다.

19세기 말 전염병이 도성을 위협하자 조선 정부는 미국 기독교북장로회 조선선교부와 제중원의 확대 이전에 합의하고 1887년 초 왕실 소유 부지인 구리개로 옮긴 것이다. 이 병원에 엘리트 의사 헤론이 투입됐다. 종2품 가선대부(嘉善大夫)에 제수됐던 제2대 제중원장이었다. 이어 3대 빈튼과 4대 에비슨이 제중원장으로 활동하면서 한국 근대 의학의 기틀이 마련된다.

구리개 제중원은 1894~1895년대 감염병이 전국을 휩쓸 때 공공의료 기관으로 자리매김한다. 조선에 들어온 선교사들이 '콜레라와의 전투'라고 할 정도로 콜레라가 만연했을 때였다. 산 사람도 격리를 위해 동대문과 광희문 밖, 서대문 밖 애오개 공동묘지에 내버리던 시절이었다.

콜레라 확산은 우리 땅에서 벌어진 청일전쟁 여파였다. 일제 육군부대에서 발생한 콜레라가 청나라군에도 퍼졌고 급속하게 만주와 평양에서 남으로 번져 나가 도성을 위협했다.

조선 정부는 에비슨 등 서양 의사들의 도움으로 '호열자(콜레라)병 예방규칙'을 반포하고 환자격리와 이동 금지 등을 명했다. 1895년 조선 위생국 관리가 제중원장 에비슨에게 도성 일원의 예방과 치료에 관한

01_서울역 인근 세브란스병원 옛터. 지금의 세브란스빌딩 일대이다.   02_옛 세브란스의전 본관. 서울 남대문로5가 일원이었다.   03_서울 을지로입구 제중원 터. 1887~1904 기간 이 자리에 있었다.   04_을지로입구 제중원 사진. 에비슨의 주도로 1904년 서울역 인근 현 세브란스빌딩 자리로 옮긴다.

모든 책임을 맡겼다. 에비슨은 방역위원장을 맡아 제중원을 사실상 방역본부로 삼았다.

조선 백성의 역병 대응은 '부모의 병은 자식이 피하고, 자식의 병은 부모가 피하여 교외로 도망치는 것'이었다. 에비슨은 '날 음식 먹지 말고, 음식 먹기 전에 반드시 손과 얼굴을 씻어야 한다' 등의 내용을 담은 소책자를 배포했다.

하지만 우리의 무지는 근대 의학을 믿지 못했다. 정부 차원에서 성 밖에 병막을 지어 격리하거나 무당을 시켜 귀신을 물리치는 제사를 독려하는 정도였다. 도성 일대서만 수만 명이 죽었다. '위생행정'이란 개념이 이 무렵 생겼다.

또한 천연두(호환마마)도 공포의 질병이었다. 이 병에 걸린 아이가 목숨이 끊어지지 않았는데도 도성 수구문 밖으로 버렸다. 그렇게 시신 방치소에 버려진 아이 가운데 한 소녀가 스크랜턴 대부인(이화학당 설립자)의 도움으로 극적으로 구출됐는데 이 아이가 이화학당 첫 입학생 4명 중 1명이었다. 1897년 에비슨은 "천연두 접종이 어느 정도 일상화되었다"라고 말했다. 제중원이 있는 한양에서는 퇴치 가능한 질병으로 인식됐다.

그때 구리개 제중원은 6600㎡~1만6000㎡(2000~5000평) 넓이에 40여 개의 병상을 갖춘 의료단지였다. 김구의 부인 최준례가 병원 허드렛일을 하는 어머니와 함께 이 원내에서 자랐고, 도산 안창호가 제중원에서 결혼했던 근대 문명의 상징 공간이었다.

이러한 근대 의학과 구제병원의 상징 구리개 제중원은 세브란스라는 미국 독지가가 조선인을 위한 현대식 병원 건립을 위한 기부에 따라 1904년 경성역(서울역) 앞으로 이전하면서 새로운 인술 현장이 된다.

'세브란스의전+연희전문=연세대' 공로자 에비슨

에비슨은 캐나다 출신의 의사이다. 한국의 근대 의학과 근대 의학 교육의 기틀을 마련한 선구자이다. 토론토의대를 졸업하고 의대 교수와 토론토 시장 주치의로도 활동했다. 1892년 언더우드(연세대 설립자)를 선교 모임에서 만나 조선 의료 현실을 듣고 1893년 조선 행을 택했다. 입국 후 왕립병원이었던 제중원을 미국 기독교북장로회 조선선교부로 이관받아 구제병원으로 운영했다. 구리개 제중원이다.

또한 1904년에는 서울역 앞으로 이전시켜 '세브란스병원'과 '세브란스의학전문학교'를 설립했다. 언더우드의 조선기독교학교를 연희전문학교(연세대 전신)로 설립 인가받아 근대 교육에도 이바지했다.

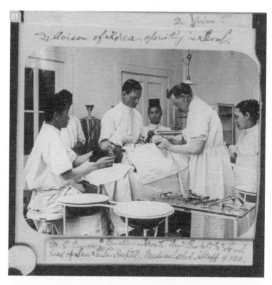

01_에비슨(오른쪽)의 수술 장면. 가운데는 백정의 아들로 한국 최초의 의사가 되는 박서양이다. 1904년 사진. 유리 건판(등록문화재 제448호)

'호주 매씨' 매견시 부녀와 '보리문딩이'

매혜란
(1913~2009)

'…아름다운 항구, 기이한 도시, 바위투성이의 언덕 같은 산발치에 비스듬히 있는 초가지붕이 낮은 집과 돌로 쌓은 담. 정말로 저런 초라한 오두막에 사람이 살까. 그건 사실이다. 그것도 아주 많은 식구가 산다. 그 집에 들어서면 의자, 카우치, 침대 같은 가구가 전혀 없다. 조선인들은 그런 것이 필요 없다. 그냥 맨바닥에 앉고 잔다…'(1906년 7월 호주 여선교사 메리 켈리 일기 중)

호주 빅토리아주 출신 메리 켈리(1880~1964)가 부산 도착 이듬해 남긴 부산의 풍경이다. 서구 우월적 시선이 담겼긴 하나 개항 도시 부산의 단면을 엿볼 수 있는 대목이다.

그녀가 그려낸 이곳은 부산 지하철 1호선 좌천역 7번 출구 앞 일신기독병원에서 산 쪽으로 본 산비탈 마을이다. 이 여성이 훗날 '부산 근대의료사의 어머니'가 될 줄 누가 알았겠는가.

좌천역 7번 출구를 나오면 일신기독병원 신관이 위용을 자랑한다.

한 블록 뒤에 있던 본관은 이제 구관이 됐다. 일신기독병원은 20세기 우리나라 의료·보건의 주축이었던 '기독병원' 중 하나다. 전주·인천·광주·대구·원주 등의 기독병원 등과 함께 '살아남은 기독병원'으로 꼽힌다.

메리가 그려냈던 부산 좌천동 산비탈 마을은 '저런 초라한 오두막에 사람이 살까'라고 신기해했던 곳이다. 하지만 지금도 이 마을 사람들은 집집마다 바다를 향한 통 창을 내고 살아가고 있다.

이 마을은 주민 편의를 위한 경사형 엘리베이터가 유난히 눈길을 끈다. 급경사 집들인데도 80대 이상 노인들도 불편함이 없다. 병원 뒤로 증산공원(옛 부산진성)까지 700m 남짓한 골목마다 개항기 민족자존을 높인 인물들의 '스토리보드 담벼락'을 조성해 놓았다. 의료·보건·주거 환경에 새삼 놀라운 대한민국이다.

이 좌천동은 이제는 부산의 구도심이지만, 역사와 문화가 살아 있

01_부산 태생 의사 매혜란(왼쪽)·간호사 혜영 자매. 1936년 사진이다.
02_자매의 부모 매견시(오른쪽)와 메리 켈리

다. 일신기독병원을 중심으로 300m 반경의 공간은 '인술사 박물관'이라고 해도 손색이 없다. 히포크라테스·나이팅게일 선서의 의료윤리와 원칙이 실천됐던 공간이자 임진왜란 때 순절한 부산첨사 정발을 기리기 위한 정공단과 임진왜란 때의 왜성도 있는 독특한 곳이다.

여기에 개화기의 학교, 교회 등도 백년 넘게 이어가면서 역사성을 더하고 있다.

이러한 공간을 정부나 지방자치단체 등이 봉인적 공간으로 방치하는 점이 아쉽다. 이곳에서 근대 의료 선각자들이 '나는 인종, 종교, 국적, 정당정파 또는 사회적 지위 여하를 초월하여 오직 환자에게 대한 나의 의무를 지키겠노라'라는 히포크라테스 선언을 철저히 지킨 현장인데도 말이다.

'호주 매씨'.

본관 오스트레일리아 즉 호주. 성은 매(梅) 이름은 견시(見施)라는 인물이 시조이다. 매견시의 원명은 제임스 멕켄지이다. 앞서 얘기했듯 한국명 매견시(1865~1956)이다. 직업은 의사였다.

매견시는 1910년 조선 부산항으로 입국했다. 그는 입국 후 제일 먼저 부산의 나병 환자를 거두었다. 그들의 치료·격리·자활의 시스템 구축에 나섰다.

그의 한국에서의 첫 출발은 부산진, 지금의 일신기독병원 뒤편 부산진교회 자리에서였다. 매견시는 호주장로회 소속 의료선교 의사였다. 그가 입국할 당시 미국 기독교북장로회가 조선의 평양·선천·서울·대구·부산 등지에 선교병원을 두었는데 부산이 상대적으로 활발하지 않았다.

1890년대 부산 영선현(현 코모도호텔 인근)에 구제소가 운영됐으나 서구 기독교파 간 조선에 대한 선교영역 논란 등으로 내실을 기하지 못한 상태였다. 특히 부산·경남 지역이 그랬다.

매견시가 내한하던 해 조선은 국권을 상실했다. 극도의 정치적 불안과 전염병 확산 등으로 유랑걸식하는 백성도 늘었다. 그러니 천형이라 일컫는 나병 환자들은 누구의 보호도 받지 못한 채 떠돌았다. 그럼에도 부산에 먼저 들어와 있던 미국 출신 의사 찰스 어빈(1869~1933)등이 1904년 '나병선교회' 등을 조직, 환자들에게 현대 의술의 적용이 필요함을 본국에 역설했다.

당시 한반도에서 상대적으로 따뜻한 영남·호남 지방에는 나환자들로 넘쳐났다. 인구 등이 밀집하여 걸식에 용이했던 부산은 문둥병 환자가 몰렸다. '경상도 보리문딩이' 어원이기도 하다.

나환자에겐 배척과 혐오만 있었을 뿐이다. 그런 그들을 매견시는 '인종, 종교, 국적, 정당정파 또는 사회적 지위'를 떠나 사랑으로 안았다. 1939년 한국을 떠날 때까지 그는 오직 나환자를 위해서만 살았다. 사람들은 그를 '나환자들의 친구' 또는 '성자'로 불렀다.

'난 두 명의 남성과 한 여성 나환자의 수용을 거절해야 했다.…수용인원보다 더 많이 수용된 탓에 그들을 수용해주지 못했다. 그것이 종일 내 마음을 아프게 했다. 현재 편안한 내 침대로 들어가 자려는 순간에도 그들이 어디 있는지, 그리고 내일 아침이 되기 전까지 살아 있을 수 있을지 걱정이 되었다. 기온은 영하였다.'(매견시 기록 중)

그가 초기 나환자요양원을 열었을 때 1명이 죽으면 40명이 대기하

고 있었고, 각 방에는 제한된 인원수보다 3배나 많은 사람이 수용되어
있었다. 그에게 가난하고 아픈 이들을 방치하는 조선이라는 나라와
항구 부산은 '기이한 나라, 기이한 도시'였다.

매견시와 메리는 '기이한 도시'에서 결혼했다. 그리고 부부의 두 딸
매혜란·매혜영을 각기 의사와 간호사로 키웠다. 부모에 이어 이 두 딸
은 6·25전쟁 직후부터 1970년대까지 일신기독병원에서 가난한 이들
과 함께했다.

"내가 아들이 없지만 딸을 한국으로 보내어 봉사하게 하겠다."(1940
년대 초 매혜란·혜영 아버지 의사 매견시)

"한국 환자를 위하여 일할 때 환자들이 우리에게 감사하다고 말했어
요. 그것으로 충분해요. 우리는 한국에서 일하면서 아주 만족했고 행복
했고 기뻤어요. 그것이 우리가 받은 대가입니다. 더 이상 우리가 한 일
에 대해서 감사하다고 말하지 말아 주세요."(2002년 은퇴 의사 매혜란·은
퇴 간호사 매혜영 자매 방송인터뷰 중)

1952년 매혜란(헬렌 매견시)·매혜영(캐서린 매견시·1915~ 2005) 자매가
부산 좌천동 고향으로 돌아왔다. 아버지 매견시의 바람대로 봉사를
위해 '아버지의 나라' 호주에서 의학 공부를 하고 귀향한 것이다.

그런데 자매의 나라 한국은 6·25전쟁이라는 비극을 겪고 있었다.
부산은 피난민으로 넘쳐났다. 버려진 아이들과 걸인, 상이군인과 나
병 환자들이 "한 푼 줍쇼"를 외치고 다녔다.

앞서 두 딸의 아버지 매견시는 1910년 2월 부산에 도착했고 1912년

부산 감만동에 설립된 부산나병원('상애원') 원장에 취임했다. 한국 최초의 나병원이었다.

하지만 1939년 일제가 신사참배와 동방요배 등을 하지 않는다는 이유로 한국에 들어온 외국 선교사들을 추방시키면서 부산나병원도 폐쇄됐다. 매견시도 본국으로 쫓겨났다. 당시 상애원에는 600여 명의 나환자가 있었다.

한편 자매의 어머니 메리 켈리도 남편의 뜻을 따라 나환자를 돌보는 한편 나환자 자녀를 격리, 기숙사에 입소시키고 학교 교육을 담당했다. 고아원도 운영했다.

부부는 4녀1남을 두었다. 혜란과 혜영은 장·차녀였다. 부부의 유일한 아들 짐은 두 살 때 한국에서 디프테리아로 죽었다.

01_의사 매혜란(오른쪽) 어린 시절
02_1953년 부산 일신병원 외래환자 가건물 완공 후 한국인 간호사들과 옥상에서 기념사진을 찍은 매혜영 (맨 오른쪽)
03_1972년 병원장직을 한국인에게 이양하는 매혜란(왼쪽)
04_2002년 매혜란(앞쪽)·혜영 자매. 호주-뉴질랜드 산부인과대학 명예회원 선정 축하연 자리이다.

부산 좌천동 '안용복기념 부산포개항문화관' 언덕길에서 내려다보면 멀리 부산항 제7부두와 감만동·용호동 일대가 눈에 들어온다. 감만동과 용호동에는 '부산나병원'을 비롯한 나환자자립공동체가 있었던 터다.

부산포개항문화관 바로 아래는 일신기독병원, 부산진교회, 일신유치원, 근대유적 일신여학교 등이 자리한다. 부산에 도착한 매견시는 이곳 부산진교회 담임 목사로 시무하면서 부산나병원 원장을 겸했다. 부산나병원은 1909년 미국 기독교북장로회 파송 의사 어빈이 '영국구라협회'의 지원을 받아 설립했다. 매견시가 2대 원장으로 취임하면서 '상애원' '상애요양소'라는 이름으로 확대했다.

혜란과 혜영은 부산진교회 일대 호주장로교회 부산스테이션에서 어린 시절을 보냈다. 그리고 자매는 1930년대 한국에 들어온 외국인 자녀를 위해 설립된 평양외국인학교로 진학, 청소년기를 보냈다. 이후 자매는 호주로 들어가 공부했다. 혜란은 멜버른의대, 혜영은 로열멜버른간호학교를 졸업했다.

사실 자매는 일제가 아버지를 추방하지 않았더라면 아버지의 뜻을 이어 부산나병원과 나환자공동체, 나환자학교 등을 운영했을 것이다. 하지만 '상애원'은 폐쇄됐고 그 자리는 일본 병참기지가 됐다.

1945~1950년 자매는 중국 쿤밍 등에서 가난한 이들을 돌봤다. 부모의 박애적 의료 봉사를 보고 자랐기 때문이다. 그런데 1950년 6월 한국전쟁이 발발했다. 늙은 아버지는 자매에게 한국의 비참한 상황을 전했다. 고향 부산 상황을 들은 자매는 전쟁의 최대 피해자인 여성과 어린이를 위해 한국행을 결심했다.

1952년 9월 17일 자매가 부산진교회 부설 일신유치원 작은 방에서 '일신부인병원'을 열고 진료를 시작했다. 자매는 '본 병원은 그리스도의 명령과 본에 따라 그 정신으로 운영하며 불우한 여성들의 영혼을 구원하고 육체적 고통을 덜어줌으로써 그리스도의 봉사와 박애정신을 구현한다'라고 공포했다.

자매가 병원을 열었을 때 부산은 '기이한 도시'가 아니라 '폐허의 도시'였다. 병원 입원 환자 40%, 외래 환자 12%가 무료 환자였다. 혜란은 무료 환자 누구라도 진료 기록을 남겼는데 그 주소가 '역전'이라고 쓴 경우가 많았다. '다리 밑'이라고 쓴 아이도 있었다. 주소도 없는 가난한 여성과 어린이 환자가 많았다는 뜻이다.

이렇게 시작된 병원은 1953년 출산 중 사망하는 여성과 아이가 없도록 하기 위해 '조산사 교육' 과정을 열었다. 또 1957년 부산대화재 때 응급환자 50%를 치료하기도 했다. 1963년에는 국가 인정 산부인과 수련병원이 됐다. 아기 침대와 인큐베이터가 호주에서 들여와 국내 최

01_1955년 부산 일신부인병원 우량아선발대회. 뒤돌아보는 이가 간호사 매혜영이다. 02_1956년 부산 일신부인병원 신축병동 개원식 03_부산 좌천동 옛 일신기독병원 자리 04_무의촌 지역에서 환자를 돌보는 매혜란

초로 활용됐던 병원이기도 하다. 자매는 평생 결혼도 하지 않은 채 오
직 일신병원과 모자보건 사업에 몰두했다.

01_1955년 자매로부터 교육받은 조산실습 제자들을 한국 지도에 붙인 모습. 호주 지도 속 인물은 매혜영이
다.　　02_자매의 아버지 매견시가 부산·경남 일원에서 구라 활동을 벌일 때 영국 '나병자구조회'가 조선인 환자
를 자원한 것을 새긴 기념비　　03_현재의 부산 일신기독병원 본관과 그 일대. 호주 의사 매견시의 한센인 구료
병원으로 시작해 그의 딸들이 지금의 일신기독병원을 다졌다.

자매가 각기 1976년과 1978년 은퇴 전까지 수십만의 아이가 이 병원에서 태어났다. 2010년 1월 8일자로 28만 5000번째 아이가 태어났다고 기록됐다.

그렇게 '인술 2대 매견시가'는 1910~1970년대 부산·경남 지역의 인술의 실천자들이었다. 자매가 일신기독병원을 은퇴하고 호주로 돌아갈 때 각기 작은 트렁크 하나뿐이었다. 자매는 호주의 평범한 요양원에서 지내다 생을 마감했다. 한국의 숱한 제자들과 뜻 있는 시민이 역사관을 열고 기념비를 세워 지금도 매견시가를 추모하고 있다.

의사 매견시 특별한 결혼

1905년 두 명의 서양 여성이 선비로 보이는 근엄한 조선인에게 한국어를 배우고 있는 사진이다. 오른쪽이 미스 메리 켈리이고 왼쪽이 그의 친구 니븐이다. 두 사람은 그해 호주장로회 여선교회연합회 소속으로 조선에 파송되어 주로 경남 진주를 중심으로 교사로 활동했다. 경남도(부산 포함) 내 5개 학교 순회 교사였다.

1910년 매견시가 부임해 진주 지방을 방문했다. 그는 메리에게 반해 청혼했다. 사실 매견시는 1908년 호주 북동쪽 바누아투에서 인술을 펼치다 흑수병으로 첫 아내 메기를 잃었다. 자신도 그 병으로 수개월 고생했다. 그리고 그곳을 떠나 시드니를 거쳐

01_1905년 호주 멜버른에서 부산에 도착한 메리(오른쪽)가 한국어 수업을 받고 있다. 메리는 훗날 부산에서 매견시와 결혼한다.

부산으로 왔었다.

메리는 결혼 후 나환자 자녀를 위한 '건강한 아이들을 위한 집' 운영을 맡아 그들과 부산의 고아들을 위해 헌신했다.

연탄 리어카에 실려 온 산모 살린 의사

일신기독병원(초기 일신부인병원)은 1950~1980년대 병들고 가난한 이들이 기댈 수 있는 안식처와 같은 곳이었다.

1970년대 한 진료 기록이다.

'한 산모가 얼굴을 비롯한 전신이 새카만 채 분만실로 이송됐다. 산통에 시달리다 죽기 직전 운반되었는데 그 이송 도구가 연탄 배달 리어카였다. … 가난한 산모는 분만실에 올 돈이 없었던 것이다.'

원장 매혜란은 예의 그렇듯 단 한 푼의 치료비도 받지 않고 출산 선물까지 쥐어 주며 산모를 축복해 주었다.

"그 분들을 만난 것은 내게 기적이었다."

1962~1985년 일신기독병원 기숙사 안내를 맡았던 최 아주머니는 스물일곱 나이에 혼자 아이를 낳다가 심장병으로 응급실에 호송되어 산소 호흡기를 꼽은 채 두 달을 보내야 했다. 그리고 5층 병동으로 옮겨져 5개월을 더 치료받았다.

"퇴원할 때 전부 무료였어요. 심지어 매 원장님이 집까지 데려다주는 거예요. 원장님이 '한 달에 한 번씩은 온나'라고 하셨어요. 그 후 굶지 말라고 월 3000원씩 주셨어요. 제가 글을 몰랐어요. 먹고 살 수가 없었죠. 할 수 없이 원장님을 찾아가니 '기숙사 다 지어가니 거기로 온나. 힘든 일 못하니 안내 일을 하면 되겠네' 하셨어요." 최 아주머니는 23년 만에 퇴직했다.

강도 상해 당하고도 조선 환자 돌본 포사이드

윌리 포사이드
(1873~1918)

전북 익산시 목천동은 호남평야의 젖줄 만경강을 옆에 둔 도농복합 마을이다. 목천포로 불리던 조선의 포구 마을이기도 했다. 1912년 호남선 이리(익산)-김제 간 호남선 철도가 개통됐는데 이 철로가 목천포를 지났다. 1928년에는 우리나라 최초의 시멘트 포장 다리 '만경교'가 바로 이곳에 세워졌다. 철로와 다리는 일제가 호남 곡창지대 수탈을 목적으로 건설했다.

1905년 3월.

이곳 목천포에서 연이은 강도 사건이 발생한다. 그 피해자 중 한 명이 서양 의사 윌리 포사이드(한국명 보위렴)였다.

포사이드는 1904년 8월 초 고국 미국 뉴욕을 떠나 9월 29일 미국 기독교남장로회 전주선교부에 도착한 의사였다. 그리고 전주진료소(현 예수병원)에 부임한 지 6개월 만에 강도를 만나 중상을 입은 것이다.

당시 목천포 당뫼(지금의 '만경강문화관' 자리 추정)에 이경호라는 전주

이씨 양반이 있었다. 그런데 이경호가 강도를 당해 상해를 입었다. 포사이드는 왕진에 나서 그를 치료했으나 날이 저물고 말았다. 별수 없이 그 집에서 하룻밤을 묵는데 떼강도가 또 들이닥쳐 이경호 집을 약탈하려 했다. 이 과정에서 강도들은 포사이드가 잠을 자기 위해 벽에 걸어 놓은 서양인 옷을 보고 경관으로 오인, 군도를 휘둘렀다.

결국 포사이드는 귀가 잘리고 두개골이 깨졌다. 얼굴과 목에도 자상을 입었다. 그는 군산 구암진료소를 거쳐 전주진료소로 후송됐고 다시 큰 병원인 서울 세브란스병원으로 옮겨져 집중 치료를 받았다. 이마저도 여의치 않자 일본을 거쳐 미국으로 돌아가야 했다.

포사이드는 미 켄터키주에서 태어나 루이빌의대를 졸업하고 1898년 미국-스페인 전쟁 중 군의관으로 쿠바에 파견됐다. 그는 군의관이었지만 그곳에서 나병 환자를 돌보기도 했다. 그리고 다시 본국으로 돌아와 뉴욕여자병원 수련의로 근무하면서 빈민가 환자를 돌봤다. 전쟁 중에 겪은 생명에 대한 존중, 빈민가 봉사를 통한 병마의 아픔을 누구보다 잘 알고 있었다.

그러던 차에 남장로회가 조선의 전주선교부 진료소 책임자를 찾고 있자 조선행을 결심했다. 그는 부임 직후 조선어 학습을 하면서 군산·목포 등의 진료소 순회 의사를 겸했다.

한편 그가 치료해 준 이경호의 서자 이보한(1872~1931)이 아버지 대신 기독교를 받아들였으며 박애 정신으로 전주의 가난한 이들을 돌봤다. 그런 이보한을 두고 '거지 대장 이거두리'라고 불렀다. 그의 묘비엔 '굶주리고 헐벗은 자를 위해 옷을 벗어 주고 밥을 주네'라고 되어 있다. 그는 시각장애인 영성가이자 3·1 만세운동을 이끈 애국자였다.

포사이드가 강도당한 그해 대한제국은 풍전등화였다.

'(공주에서는) 거지 소년들이 숲속에서 썩은 개고기를 구워 먹고, (전염병에 걸려 죽은) 아이들의 시신 여덟 구가 나무에 주물(呪物)처럼 달려 있다.…공주 감옥에선 간수가 죄수들이 더 많이 들어오게 해 달라고 고사를 지내는데 왜 그러냐고 물었더니 그래야 죄수들에게 자기들이 곡식을 팔 수 있다고 한다…'(1904년 3월 31일 조선 파송 여선교사 '노블일기' 중에서)

1904년 우리 땅에서 러일전쟁이 발발하면서 전국 어디나 유랑자로 들끓었다. 강도와 도적 떼도 곳곳에서 출몰했다.

중상의 포사이드는 어찌 됐을까. 무엇보다 그는 범인을 잡았다는 소식을 듣고 그들을 용서한다고 했다. 그리고 1909년 다시 한국으로 돌아왔다. 그는 목천포에서의 끔찍한 사건을 잊고 전주·군산·목포 등 호남 지방의 의료 구제에 열중하여 주요 거점의 진료소를 근대 병원으로 성장시켜 나갔다. 대개가 무료 진료였다.

1909년 3월 포사이드는 목포 구제소(목포 프렌치병원 전신) 의료 장비를 확충하고 섬 지방 순회 진료 등에 힘쓰고 있었다. 한데 급전이 왔다. 친구이자 의사인 클레멘트 오웬(한국명 오기원·1867~1909)이 위독하니 광주로 와달라는 통보였다. 그는 조랑말을 타고 나주를 거쳐 광주로 향했다.

그런데 나주~광주 간 신작로 길가에 피고름으로 얼룩진 누더기를 입은 여인이 쓰러져 있었다. "살려 주세요"라며 손을 내밀었다. 얼굴은 흉측했고 손발이 짓물러져 있었다. 나병이었다. 아무도 접근하지 않았다.

포사이드는 여인에게 다가가 그를 안아 말에 태워 광주로 향했다. 시간이 꽤 지체됐다. 그렇게 광주 양림동 제중원(광주기독병원 전신)에 도착해 여인을 내려놓자 다른 환자 등이 아우성쳤다. 절대 함께 있을 수 없다고 했다. 친구 오웬은 그가 도착 전 폐렴으로 사망했다. 포사이드는 여인을 광주 동남쪽 옹기 가마터에 마련한 임시 거처에 살게 했다. 이 이야기는 '선한 사마리아인' 이야기로 회자한다.

오웬 부인 조지아나는 포사이드의 지체로 남편을 잃었다고 오해함 직도 했다. 그렇지만 그해 8월 '더 미셔너리'지에 '살신성인 정신이 아니고서는 도저히 할 수 없는 일을 포사이드는 행동에 옮겼다…신사복 차림으로 고름투성이 환자의 팔을 잡고 부축하였으며 그 광경에 사람들이 놀랐다'라고 썼다.

이 '선한 사마리아인' 이야기가 전국에 퍼지면서 나병 환자들이 하나

01_1910년대 나환자 모습   02_한국에 들어온 미국 의사들과 그 가족. 1910년대로 추정된다. 맨 뒷줄 왼쪽이 포사이드   03_민둥산에 가마니 등을 지붕 삼아 거주하는 한센인들. 1940년대 광주(光州) 부근으로 추정된다.

둘 광주로 몰렸다. 포사이드는 1912년 광주군 효천면 봉선리(현 봉선동 일대)에 환자 수용소와 광주나병원을 세웠다.

1919년 한국에는 나환자만 2만여 명이었다. 결핵은 집계가 불가할 정도로 퍼져 있었다.

포사이드는 한국 재임 5년간 나환자와 결핵환자를 위해 헌신했다. 본국 재산을 팔아 봉선동 대지를 마련하기도 했다. 하지만 강도 후유 증과 풍토병 스푸르(sprue) 등으로 더는 일할 수 없었다. 나병 환자들에게 '성인(聖人)' '아버지'로 불렸던 포사이드는 귀국해 전국을 순회하며 "조선의 가난한 이들이 질병에 노출되어 무방비로 죽어가고 있습니다. 그들을 빨리 도와주어야 합니다"라고 외쳤다. 성금이 답지하면 한국으로 보냈다. 미국의사협회를 향해 한국 등 동양에 질병 예방 치료를 위한 조처를 하라고 호소했다.

1918년 5월 9일 그가 죽었다. 그리고 1926년 일제가 의료체계 재편 명분 아래 광주나병원을 전남 여수군 신풍리로 옮겼다. 나환자들은 봉선동의 포사이드 기념비를 떠메고 걸어서 신풍리까지 가져가 다시

01_포사이드 진료 활동 무렵의 한국인들. 지금의 전북 군산시 대야면 지경리 부녀자들이다.　02_광주광역시 양림동 오웬(한국명 오기원)기념각. 포사이드는 1909년 의사 클레멘트 오웬의 병세 악화를 듣고 목포에서 광주로 향하다 나환자 여인을 구한다.

세웠다.

포사이드 약력

1873년 미국 켄터키 주 머서 출생

1891년 미주리 주 풀튼 웨스트민스터대학 수학

1895년 켄터키 주 루이빌의과대학 수학

1898년 쿠바 전쟁 군의

01_1961년 광주제중원 병원 관계자 기념 사진. 광주제중원은 의사 포사이드, 오웬 등의 헌신으로 이어졌다. 지금의 광주기독병원 전신이다.   02_포사이드가 광주읍내 외곽 항아리굽는 가마터에 나환자를 위한 임시 거처를 마련한 것으로 추정되는 사진   03_일제강점기 만경교. 이 다리는 일제가 호남평야 쌀을 군산항으로 실어 가기 위해 1928년 세웠다. 의사 포사이드는 이곳 목천포에서 진료 활동을 벌이다 강도의 습격을 받는다.

1904년 한국 전주진료소 도착

1905년 익산 목천동에서 상해
입음

1906년 상해 후유증으로 귀국

1909년 한국 재입국 목포 중
심 활동

1910년 여동생 밀러 목포 합
류 봉사

1911년 풍토병 감염 귀국

1911~18년 한국 의료지원 호소 미국 순회

1918년 5월 9일 별세

01_의료·교육·선교 활동을 벌였던 포사이드(맨 오른쪽)가 한국인들과 함께 했다.

포사이드 의료활동에 충격받은 독립운동가 최흥종

구한말 건달패 최망치. 이 '망치'라고 불리는 불량 청년은 다름 아닌 독립운동가 최흥종(1880~1966)이다. 목사이자 조선노동공제회·신간회 광주지회장을 역임한 사회운동가이기도 했다.

그가 개과천선한 것은 의사 포사이드로부터 받은 충격 때문이기도 했다. 20세기에 막 들어서 광주 양림동(현 호남신학대학 캠퍼스 동산 아래)에 미국 기독교남장로회 광주선교부가 조성되기 시작했는데 왈패 최망치가 건축 현장에서 훼방을 놓았다.

그러다 그곳 기독교인 김윤수의 겸손한 태도를 보면서 기독교에 호기심을 가졌고 급기야 유진 벨(한국명 배유지·1868~1925)과 친해지면서 스승처럼 따랐다. 그 유진 벨이 1909년 4월 초 최흥종에게 광주로 들어오는 포사이드를 마중 나가 모셔 오라고 했다.

최홍종은 포사이드가 나환자 여인을 금쪽같이 대하며 치료를 해주고 섬기는 것을 보고 자신도 나환자를 위해 살겠다고 결심했다. 당장 그는 양림동 임시 나환자촌에서 몰려드는 환자의 피고름 빨래하며 그들을 도왔다.

독립운동가 최흥종
(1880~1966)

그리고 부모로부터 물려받은 봉선동 땅을 기부, 나환자전문병원 설립에 이바지한다. 나환자 치료 시설 확보를 위해 광주~서울을 걸어 호소하는 '구라대행진'을 하기도 했다.

1937년 조선나병환자구제회를 창립했고 무등산 계곡에서 병자·빈민과 공동체 생활을 하기도 했다. 1990년 건국훈장 애국장이 추서됐다.

01_전북 익산 목천포에서 바라본 호남평야. 포사이드의 순회 진료지이다.

'조선 빈민과 고아의 어머니' 서서평

서서평
(1880~1934)

"내가 품었던 포부는 하늘만큼이나 원대한데 이 병 때문에 천직으로 알았던 병원 일도 그만두어야 했고 이일학교 경영도 몇 분의 1도 못하고 있습니다…3년만 더 시간을 주신다면…끝맺음을 짓지 못한 조선간호부회의 국제 가입도 마무리할 수 있을 터인데…오 하나님 아픔을 덜어주시고 3년만 더 살게 해주십시오."

광주광역시 양림동 호남신학대학 구내에 야트막한 동산(108m)에 외국인선교사묘역이 있다. 대한제국 시기 이후 한국에 들어와 헌신한 의료인 및 목회자들이 묻힌 곳이다.

그 묘비 한 기에 영문으로 '엘리자베스 요한나 쉐핑'이라고 새겨진 묘명이 눈에 띈다. 그 영문 아래 '서서평'이란 한글이 선명하다. 엘리자베스 쉐핑의 한국 이름이 서서평(徐舒平)이란 것을 알 수 있다.

1934년 6월 26일 새벽. 간호사 서서평은 54세의 나이로 영광되면서도 고단한 삶을 마쳤다. 평생 독신이었다. 그의 유언에 따라 장기는 의학 실험을 위해 기증됐다. 서서평의 비워진 배는 의학 실험을 위해 볏짚으로 채워졌다. 그는 지병 스프루로 목숨을 다한 상황에서도 조선인과 조선 의학 발전을 위해 마지막 불꽃을 태웠다. 해부 결과 그의 직접적 사인은 영양실조였다. 그로 인해 골다공증도 심했다.

서서평이 남긴 마지막 말은 이러하다.

"간호사로서 남의 아픔에 무감각했던 잘못을 깨닫게 해준 것에 감사합니다. 또 조선 백성이 이방인인 저에게 베풀어 준 사랑에 더 없이 감사할 뿐입니다."

그가 눈을 감자 쾌유의 간절한 기도를 하던 이일학교 학생들이 방으로 들어와 펑펑 울었다. 1922년 서서평이 설립한 이일학교는 교육에서 소외된 문맹 어린이를 비롯하여 '미망인'과 소박맞은 여성을 위한

01_광주 서서평의 집에서 이일학교 학생들이 기념사진을 찍었다.   02_뉴욕 성마가병원 간호전문학교 시절로
보이는 서서평의 사진

자활학교였다.

이 학교에서는 가정 위생, 상처 치유법, 세균 전염병 예방과 같은 의학 및 간호 과목도 가르쳤다. 간호사이자 사회사업가, 계몽활동가였던 서서평의 뜻이 담긴 커리큘럼이었다. 니일(한국명 이일)이라는 미국 독지가의 후원으로 양림 동산에 세운 학교가 이일학교였다.

당시 신문은 그의 죽음을 '자선과 교육 사업에 일생을 바친 빈민의 자모 서서평 장서'(동아일보 1934년 6월 28일 자) 라는 제목으로 사회면에 크게 보도하면서 "재생한 예수" "모범할 근면 력행의 일생"이라고 표현했다. 그만큼 그는 조선의 가난하고 병든 이들을 위한 '사랑 깊은 어머니'였다.

그런 그가 자신을 위해 남긴 건 담요 반 조각, 일주일 품값에 해당하는 돈 7전, 강냉이 2홉뿐이었다. 자신이 덮던 담요조차 가위로 잘라 가난한 이들에게 나누어 주었다.

서서평의 인술과 사회사업을 도왔던 고 김윤식 이일학교 교사는 이렇게 회고한 바 있다.

"엄동설한에 문둥병자(한센병) 두 명이 거리에서 추위에 떨고 있을 것으로 보고 (서서평이) 집에 달려가 하나밖에 없는 담요를 가져다가 둘로 나누어 하나씩 덮어주는 것을 보았어요."

서서평은 미국 기독교남장로회 파송 간호사로 1912년 조선에 들어왔다. 1910년 경술국치로 일제 식민지가 된 조선이었다. 그는 매달 600~800달러의 월급을 받아 그 돈의 대부분을 조선의 가난한 이들과 병자 구제에 썼다. 누구라도 손을 벌리면 그냥 돌려보내지 못했다. 그러니 사후 정리할 재산이 없었다. 담요 반쪽은 그녀가 남긴 재산 중 하나였다.

'이 여정 가운데 어린아이부터 노인들까지 심지어 끊임없이 찾아오는 나병 환자를 포함해서 온갖 질병에 걸린 500명 정도의 병자를 돌보아야 했습니다. 순회 진료 중에 온전한 조선인을 만나기가 그야말로 하늘의 별 따기였습니다.'(서서평 1921년 3월16일 본국 보고문 중)

서서평의 조선에서의 삶이 어떠했는지를 짐작할 수 있는 대목이다. 그는 풍토병을 이겨내며 자신이 가진 달란트인 간호사로서 조선 민중을 대하면서 오직 사랑만이 그들을 살릴 수 있으리라고 믿었다. 그리고 이를 실천했다.

특히 그는 남편을 따라 죽지 못했다('미망인')고 자책하는 여성의 삶에 안타까움을 표했다. 이일학교는 이러한 여성 중심의 교육을 위해 설립됐다.

'조선 여인 누구도 누구누구의 아내, 누구누구의 할머니 혹은 이런저런 동네 출신 여인(택호), 또는 개똥이 엄마, 큰 년 작은 년 등으로 천하게 불리면서도 그렇게 마저도 기록되지 않습니다. 우리가 그들에게 이름을 지어주었습니다. 수백 명 여인들이었습니다. 이름을 짓느라 한바탕 중병을 앓은 기분입니다. 그런데도 하루 이틀이 지나면 여인들이 찾아와 "제 이름을 다시 말해 주세요"라고 요구합니다. …이 일을 통해 여인들은 처음으로 자기 정체성과 인격의 중요성을 깨닫게 됐습니다.'(본국 보고문 중)

서서평의 별세 소식이 호남 지방 곳곳에 전해지자 "어머니, 어머니" 하며 통곡하는 소리가 양림정(양림동)을 뒤덮었다. '마치 비행기 소리 같았다'라고 묘사됐다. 기독교인은 물론 불교 등 이종교인, 멀리 경성과 부산 사람, 전남 도지사 야지마와 광주군 경찰서장 사토 등 일본 관리 등도 참석했다.

소복을 입은 이일학교 제자들이 운구를 맡았고 13명의 양딸과 수백 명의 광주천 다리 밑 거지들이 함께 긴 행렬을 이뤘다. 그리고 나병 환자들이 행렬 끝을 따랐다.

'인간 누구나의 천부적 권리를 천천히 이룬다'는 조선 이름을 가진 '서서평'. 그녀는 어떻게 조선 남도의 한 지방에서 '위대한 장서(長逝)'를 맞이한 것일까.

서울역에 내려 맞은편을 보면 서울스퀘어빌딩과 남대문경찰서 건물이 유독 눈에 띈다. 이 두 건물 뒤로 남대문교회와 힐튼호텔이 자리하고 있다. 이 일대는 1980년대까지 매매춘이 이뤄지던 소위 '양동골목'이라 불렸다. 이 양동은 일제강점기 공창제 시행과 함께 서울의 대표적 집창촌이었다. 식민 통치 폐해의 현장이었다.

1924년 5월 30일 남대문교회 예배당.

엘리자베스 요한나 쉐핑(서서평)이라는 간호사가 바로 이곳에서 '조선간호부회' 명의로 의미 있는 결의를 한다. 서서평은 조선간호부회 회장이었다.

"저는 오늘 회원 여러분과 간호사로서 일생을 의롭게 살고자 하는 마음을 다지고자 합니다. '광명의 천사' 나이팅게일이 하나님 앞에 선서한 것과 같이 성심으로 이 땅의 생명을 섬기는 일입니다. 지금 조선은 공창의 만연으로 생명과 인권이 위태롭습니다. 공창제는 폐지되어야 합니다. 간호사 여러분들이 먼저 폐창운동에 나서 줄 것을 진심으로 호소하는 바입니다."

서서평의 이 선언이 있고 난 뒤 세브란스의학전문학교 학감 오긍선(1878~1963)이 강단에 올라 공창제 폐지를 강도 높게 주장했다. 서서평의 간절한 부탁이 있었다. 공창제는 일제가 1916년 '유곽업창기취체규칙'을 통해 전 조선에 합법화하고 세원(稅源)을 삼았다.

이날 조선간호부회 2차 총회는 사실상 오늘날의 대한간호협회 정식 출범과 같았다. 한 해전 조선간호부회가 꾸려졌으나 전 조선간호부들

01_전북 군산 구암병원 여자병동 환자를 간호하는 의료진. 서서평은 호남 주요 도시와 서울에서 환자를 돌봤다.   02_제주 정의읍성. 서서평은 1920년대 제주도·추자도에도 의료 및 계몽의 손길을 내밀었다.
03_광주광역시 양림동 양림동산에 있는 서서평 묘   04_서울 남대문교회. 서서평은 1917년 광주에서 서울 세브란스병원으로 파견 받아 병원 부속 교회였던 남대문교회를 중심으로 활동하며 공창폐지운동 등을 벌인다.

이 모인 건 이날 총회에서가 처음이었다. 간호사들은 '공창폐지기성회'를 조직하고 모두 회원으로 가입, 십시일반의 모금에 나섰다. 조선의 소녀들을 매음굴로부터 탈출시키기 위한 '긴급구호 모금'이었다.

식민지 시기 교육과 취업에서 소외된 여성들은 공창이 우후죽순으로 생기면서 인신매매의 대상이 되었다. 서서평은 이 문제의 심각성을 인식하고 조선기독교여성절제회 등을 통해 사회운동으로 폐창운동에 나섰다. 무엇보다 간호사 직분을 달란트로 공창 문제를 함께 해결하고자 했다.

서서평이 전개한 공창폐지운동 저변에는 가부장적 인습의 조선 사회의 모순이 깔려 있었다. 조선 사회는 여성을 남성의 소유물로 보았다. 이는 기독교 문명이 들어오기 전까지 깨지지 않았다.

"내가 호남 구석구석을 다니며 만난 500여 명의 여성 중 이름이 있는 사람은 10명뿐이었습니다. 조선 여성들은 '돼지 할머니' '큰 년' '작은 년' 등으로 불립니다. 조선인들은 동족에게 가혹하리만치 잔인합니다. 어떻게 동족을 노비로 사고팝니까. 저는 가난한 여성들에게 이름을 지어주고 한글을 깨치게 합니다. 제 큰 기쁨 중 하나입니다."

서서평은 광주 제중원, 경성 세브란스병원, 군산 예수병원 등에서 간호사로 근무하며 불우한 여성 그리고 고아를 돌봤다. 동시에 금주·금연운동을 벌였다. 공창 반대, 금주·금연 운동을 위해 윤락가, 유흥가, 시장 등지를 돌며 전단을 나누어 주었다.

서서평은 어느 해 전북 고창 요정에서 명기 송월향에게 전단을 주었다. 송월향은 명창이었다. 그는 간호부로 불리는 키 큰 서양 여자가 여성 인권을 위해 힘쓰는 것을 보고 그를 후원하고 따랐다. 소위 전도 부인이 된 것이다. 전도 부인은 기독교 여성 전도자라는 의미만이 뿐 아니라 기독학교 학생이라는 개념도 포함하고 있다.

요정에서 창을 하던 송월향이 "금주로 구국하자"를 외치고 '금수강산 내 동포여 술을 입에 대지 말라⋯우리나라 복 받기는 금주함에 있느니라'라는 '금주가'를 부르게 됐다.

서서평을 비롯한 간호사들의 이 운동은 세브란스병원, 평양 기독병원, 원산 구세병원, 함흥 제혜병원, 진주 배돈병원, 개성 남성병원 간호사와 그 병원 간호부양성소 학생들이 중심이 되어 커다란 사회변혁운동으로 확산했다.

이에 경성연합아동보건회, 세브란스아동보건회, 인천부인병원아동보건회 등이 합류하여 우리나라 근대식 사회구제사업의 바탕이 된다. 서서평이 이때 간호사들을 중심으로 주창한 네 가지 방안은 이러하다.

'병원에서 퇴원한 환자를 돕는다' '몹시 가난한 자, 병든 자, 그리고

01_1914년 광주제중원에서 한국 여인과 함께한 서서평(왼쪽)   02_1915년 무렵 나환자 등을 순회 진료하기 위해 말을 타고 길을 나서는 서서평. 어린이들은 그가 돌보는 고아들이다.   03_세브란스연합병원 간호부양성소 졸업반 학생들과 함께 한 서서평(오른쪽에서 세 번째). 1918년 사진.

01_두 살짜리 양녀를 안고 있는 서서평. 1926년 여름
02_조선간호부회의 창립 총회(1923년 4월). 서서평의 주도로 창립됐다.

나이 든 자를 돕는다' '예방사업을 실행한다' '긴급 구조 사업을 한다'.

서서평은 구출한 13명의 소녀를 양딸처럼 길렀다. 그리고 그들을 간호부 등 여성 지도자로 길러냈다.

"지난해 저는 매우 분주히 지냈습니다. 가끔 병중에 지냈습니다. 간호부양성소와 조선 안의 모든 간호 사업이 날로 계속 전진하여 나가는 것을 볼 수 있었습니다. 세브란스·평양·공주·대구·인천·광주 등에서 공중위생 사업을 실행했고 간호 서적도 출판했습니다. 무엇보다 만주에서 여러분과 구호 활동을 한 것도 감사드립니다. 이 나라 동족을 위하여 자기 몸을 헌신하는 여러분에게 감사하며 기뻐하지 않을 수 없습니다."(1932년 5월 조선간호부회 회장으로서 치하한 내용)

간호사에서 '조선 빈민의 어머니'가 된 서서평.
"가끔 병중"이라고 완곡히 표현했지만, 간호사 월급 대부분을 가난한 이들에게 내주어 끝내 영양실조에 따른 풍토병 악화로 1934년 6월

53세의 나이로 숨을 거두었다. 조선의 나이팅게일이었다.

미혼모의 딸 서서평

서서평은 독일 프랑크푸르트 동쪽 도시 비스바덴에서 미혼모의 딸로 태어났다. 한 살 때 아버지가 죽자, 어머니가 그를 할머니 손에 맡기고 미국 뉴욕으로 떠나버렸다. 외롭게 성장한 그는 가톨릭교구학교에 다녔으나 부모 없는 아이라고 친구들에게 따돌림을 받았다.

그러다 할머니마저 노쇠해지자 아홉 살 무렵 어머니를 찾아 뉴욕으로 갔다. 그곳에서 '소녀 가장'이나 다름없는 생활을 하며 뉴욕간호학교를 졸업했다. 그는 상급 학교인 컬럼비아 사범대에서 수학한 후 개신교 계통 성경훈련교사학교도 마쳤다. 그리고 브루클린의 유대인 결핵환자요양소 근무와 이탈리아 이민자 수용소에서 자원봉사를 했다.

무엇보다 어린 시절 사랑의 상실감과 요양소 및 수용소 등의 경험을 통해 헌신의 삶을 결심한 그는 1912년 미국 기독교남장로회 파송 간호사가 되어 그해 2월 샌프란시스코에서 '코리아 마루'호를 타고 조선에 도착한다.

조선간호부회 국제기구 가입 방해 일제

서서평은 일본간호협회의 방해에도 불구하고 1923년 조선간호부회(대한간호협회 전신)를 창립, 10년간 회장직을 맡아 이끌었다. '본회가 사용하는 언어는 조선어로 한다'는 회칙에서 알 수 있듯 조선의 독립과 조선 민족의 자존을 추구했다.

1929년 조선간호부회가 캐나다 몬트리올에서 열리는 국제간호협의회(ICN) 총회에서 승인을 목전에 두었다. 서서평의 노력 결과였다. 이

때 서서평은 군산간호부양성소 제자 이금전 이효경 2명을 데리고 참석했다.

한데 이 사실을 뒤늦게 안 일본간호협회가 조선의 단독 가입을 막았다. 일제는 식민지 조선과 대만에 일본간호협회 지부들 두겠다며 방해 작업을 펼쳤다. 결국 조선간호부회는 국제기구 가입에 실패했다. 하지만 일본간호협회도 1943년이 되어서야 이 기구에 가입했다. 우리는 1949년 6월에야 비로소 ICN 정회원이 되었다. 그리고 1989년 ICN 제19차 총회가 서울에서 열렸다.

01_제주 추자도 신양포구. 서서평은 추자도 출신을 가르쳐 그곳에서 계몽운동을 펼쳤다.　02_광주 이일학교 기숙사생 기념 촬영(1934년 3월 하순). 이일(李一)은 미국인 독지가 '니일'의 한국식 이름이다. 서서평이 학교를 설립하도록 기부한 인물이다.　03_이일학교 양잠 기술반 수업 장면

"저 외국인 의사할머니, 뭐 좀 아는 것 같아" 모례리

플로렌스 머레이
(1894~1975)

"용정에서 일하는 동안 캐나다에서는 듣지도 보지도 못했던 질병을 앓는 환자를 많이 접하게 됐다. 조선인에게 흔히 일어나는 질병으로는 장티푸스, 발진티푸스, 디프테리아, 한센병, 말라리아, 구강염과 설사를 일으키는 일종의 열대병 등이 있었는데 그 외 한 번도 취급해 보지 않은 여러 가지 기생충병도 만연했다."

1920년대 초 닥터 플로렌스 머레이(한국명 모례리)의 만주 용정 진료 활동 술회이다. 캐나다 동부 노바스코샤 주 픽토우 랜딩이라는 해안 마을에서 태어난 머레이는 1921년 자기 삶에서 상상도 못 했던 땅 '조선'이라는 나라의 부산항에 닿는다.

'배가 부산항에 도착해…삼등석 열차를 타고 서울까지 장장 12시간을 서서 갔다. 사람들은 하나 같이 선량하고 친절했다.'

머레이는 이후 21년을 조선 사람과 함께 했다. 1942년 일제가 모든 서양인을 조선에서 강제 추방하면서 떠났다. 머레이의 조선행은 앞선 조선의 의료 헌신자 케이트 맥밀런(맹미란·1868~1922) 영향이었다. 노바스코샤 주 옆 뉴브런즈윅 주에서 태어난 맥밀런은 미국 볼티모어여자의대와 코넬의대를 졸업하고 1901년 조선에 들어와 함경도 지방을 중심으로 질병 퇴치에 앞장서고 있었다.

맥밀런은 캐나다 기독교장로회에 '여의사'의 파송이 절실하다고 전했다. 조선 사회는 여성 억압이 극심하여 여성이 질병에 걸렸을 때 누구도 돌보지 않는다고 했다.

'결국 나는 조선으로 갔다. 그때 조선에는 서양 사회보다 질병이 만연해 있었던 데 비해 교육받은 의사는 거의 없었던 탓에 많은 사람이 의료 혜택을 받지 못한 채 무지와 미신의 희생자가 되고 있었다.'

머레이는 이런 기록을 남겼다.

그의 첫 부임지는 함경남도 함흥이었다. 그곳 영생여학교 뒤편의 제혜병원에서 가난한 환자들을 대했다.

'병원을 찾는 환자들은 늘 나를 놀라게 했다. 예를 들어 피부병 환자의 경우 피부가 헐어서 고름이 생긴 다음에야 병원을 찾아왔다. 결국 수술까지 해야 하는 중병으로 만들어버렸으니, 치료는 둘째 치고 환자가 그동안 겪었을 고통을 생각하면 내 가슴이 먼저 저렸다.'

근대 의료 초기 머레이나 맥밀런의 의료활동은 환자를 다루는 일보다 그들 가족과 씨름하는 일이 오히려 버거웠다. 환자 한 사람을 진찰하자면 그의 온 가족이 몰려들었다. 여성 환자이기라도 하면 의사가 묻는 말에 직접 대답조차 할 수 없는 가부장적인 조선 사회였다.

"환자가 직접 대답하게 해주세요"라고 하면 그 집안 남자 어른이 "여자인 주제에 뭘 알겠나? 남자가 알지"라고 말을 가로챘다.

머레이는 함경남도 도청 함흥은 그나마 맥밀런 등이 있어 자신은 더 오지로 들어갔다. 지역을 넘을 때마다 일제가 신분과 용무를 따졌다. 그는 순회 진료자가 되어 의약품 등을 지게에 싣고 함북청진에 이르렀다. 그리고 다시 청진 북쪽 회령을 향해 떠났다.

가는 곳마다 환자가 넘쳤고 의약품이 모자랐다. 하지만 조선인 대개는 주술에 의지했다. 엉덩이 결핵으로 3년 동안 앓은 한 여인은 꼬챙이와 같이 말랐는데 영하 20도의 방에서 넝마 조각을 덮고 웅크리고 있었다. 머레이와 조선인 간호보조원들이 이를 딱히 여겨 치료는 물론, 농축 우유 등 영양식을 먹였다. 또 헤진 옷을 벗기고 새 옷을 입히고 목욕도 시켰다. 그의 두 자녀도 먹이고 씻겼다. 환자가 눈물을 흘리며 감사하다고 말했다. 그것이 세상과 마지막이었다.

조선 천지 어딜 가나 전염병과 매독 등으로 사망자가 널려 있었다. 다리뼈에 금이 간 소년은 병균 침입을 막지 못해 감염으로 죽었다. 그런 가운데도 머레이 등 순회 의료진은 함경도 회령에서 두만강을 건너 북간도 용정에까지 들어가 나라 잃고 떠도는 조선인 환자를 치료했다.

용정에는 조선에 온 캐나다 선교사 등의 영향으로 민족학교를 세운 김약연(1868~1942·독립운동가) 등이 배일 투쟁을 하며 인재를 길러냈다. 그의 조카인 시인 윤동주(1917~1945)가 용정에서 태어났다.

머레이는 그곳에서 병원과 학교를 늘리고 부상한 광복군을 치료했다. 중국 동북 지방 군벌 장작림 휘하 군졸들이 마적 떼가 되어 약탈을 일삼던 때였다.

'그들은 도적 떼였다. 불쌍한 농민을 강탈했다. 용정이 습격당하면서 선교병원도 운영이 어려웠다. 직원 급료는 고사하고 의약품조차 댈 수 없다. 임시 지붕이 비가 새건 말건 그냥 쓸 수밖에 없었다.'

그런데 설상가상으로 그 만주와 함경도 일대에 콜레라와 흑사병이 번졌다. 또한 뇌염 환자와 결핵환자는 조선인이 숙명처럼 안고 있는 불치병이었다. 침과 뜸만이 치료 방법의 전부였다. 머레이는 역부족의 상황에서도 최선을 다했다. 왕진은 기본이었다.

01_함경도 제1도시 함흥. 의사 머레이가 속한 캐나다장로회 함경도 선교부가 있었다. 선교부가 함경도 주요 도시 및 북간도 등에 병원과 학교를 운영했다. 사진은 일제강점기 학생들과 교육자들로 보인다.   02_1917년 캐나다 서부 핼리팩스항 폭발 사고 현장. 달하우지의대생이었던 머레이가 이곳으로 응급 구호에 나섰다. 조선으로 가는 계기가 된다.   03_1954년 강원감영 앞 원주 버스터미널. 머레이가 원주 지방을 중심으로 나환자 치료에 나서던 무렵이다.   04_머레이가 순회 진료를 다녔던 원주 나환자촌 경천원(1960년대)

"보인다 보여. 저기 사람이 움직인다!"

머레이가 1년 반 동안 백내장 증세 때문에 아무것도 보지 못했던 환자의 눈동자 막을 걷어내자, 그가 소리쳤다. 그는 악령이 자신을 그렇게 만들었다고 믿던 사람이었다.

어느 날은 결핵성 늑막염 환자의 흉곽에 가득 찬 액체를 머레이가 주사기로 빼내 주자 기적처럼 병이 나았다. 집으로 돌아간 환자는 수십 리 길을 걸어 병원에 찾아와 헝겊에 싼 달걀 몇 개를 머레이에게 내밀었다. 기적과 같은 치료 그리고 무지의 죽음이 닥터 머레이에겐 매일 벌어졌다.

1947년 여의사 플로렌스 머레이는 53세의 나이에도 불구하고 26년 만에 다시 한국으로 들어왔다. 두 번째 한국행이었다.

캐나다 동부 해안 바닷가 마을에서 목사의 딸로 태어났고 달하우지 의대를 졸업한 엘리트 머레이. 이런 그는 앞서 1921~1942년 일제강점기 함경도와 만주에서 '고통받는 자'를 위해 인술을 베풀다 일제로부터 강제 출국을 당했다. 그는 고향 노바스코샤 주로 돌아가 핼리팩스에서 개인 병원을 열어 살고 있었다.

그런데 한국이 일제로부터 해방됐다. 그런 기쁨도 잠시 38선이 그어지며 남북이 갈렸다. 머레이는 자신이 근무했던 함흥 제혜병원으로 돌아갈 수 없었다. 그럼에도 머레이는 캐나다 기독교장로회 세계선교부를 통해 남한만이라도 갈 수 있게 해달라고 청원했다. 그 결과 이화여대 김활란 총장이 이화여대 의대와 동대문병원을 조직해 달라고 그를 초청했다.

미 군정기 한국 사회는 한마디로 좌우익의 충돌 속에 혼란 그 자체였다. 말이 '의대'이고 '병원'이지 남루함을 넘어서 폐허였다. 건물도, 교재도, 장비도, 예산도 없었다. 모든 학교가, 모든 병원이 그러했다. 한국은 해방이 됐어도 가난과 질병을 숙명처럼 안고 살았다.

'이 나라는 한국인의 의지와는 반대로, 한국인과는 한마디 상의도 하지 않았던 외국인들에 의해 분단되었다. …물품은 부족하였고 난민은 일자리와 거처 없이 궁핍한 삶을 살았다. 절도와 테러가 난무하였다. 이것은 정직하고 법을 준수하고자 하는 일반인에게는 매우 큰 재앙이었다.'

머레이의 기록이다. 한국 최고 병원 서울대병원에 대해선 이렇게 말했다.

'그 당시 600개의 병상 중 대략 200여 개가 사용되고 있었다. 공급품은 부족하였고 건물에 수돗물이 나오지 않았다. 세탁실이 (전기 공급이 안 되어) 작동하지 않아 병상 시트를 교체할 수 없었다…마룻바닥에 구멍이 뚫려 있고 지붕은 새고…병상의 환자들은 여러 가지 전염병으로 고통을 받고 있는데 그들을 치료하는 데 필요한 약들은 대부분 구할 수 없는 것들이었다.'

해방 후 한국은 미군정과 소련이라는 새로운 지배자로 고통받고 있었다. 캐나다인이었던 머레이에게, 반(半) 한국인 '모례리'에게 부당한 현실이었다.

01_대한기독여자의사회 발족 기념 촬영. 앞줄 왼쪽 두 번째가 머레이   02_강원도 원주기독병원 기공식에서 인사말을 읽는 머레이   03_머레이가 간호사와 함께 한국인 환자를 살피고 있다.   04_박근혜 전 대통령이 영애 시절인 1974년 12월 나환자촌 원주 경천원을 방문해 주민과 함께 하고 있다. 경천원은 머레이가 한센인진료소를 두고 돌보던 시설이다.

머레이는 미군정 보건사회위원회 일원으로 한국인을 위해 일했다. 21년간 함경도와 만주에서 조선인과 함께 울고 웃었던 경험은 한국을 사랑하지 않을 수 없는 정(情) 그 자체였다. 그로부터 치료받은 아이들이 '한국 할머니'라고 칭할 때 그는 환한 미소를 짓곤 했다.

그는 미군정 부평기지창에 가서 약품과 의료기자재를 확보했고 유엔아동보호기금(UNICEF) 등 수많은 기구 및 구호단체에 병들고 소외된 한국 어린이와 한국인의 실정을 호소했다.

하지만 한국은 좌우 이데올로기 갈등 속에 테러 공포가 일상화됐다. 머레이에게까지 그 위협이 가해졌다.

1949년 봄. 시인 모윤숙이 한국 대표로 UN 파리회의에 다녀온 후 언더우드 2세 부인 에델 와고너(1888~1949)의 사택에서 함께 했는데 에델이 사회주의자들의 테러에 숨졌다. 에델은 '고아의 대모'였다. 테러범들은 단독정부 수립을 국제사회에 호소한 모윤숙이 그 사택에서 회합한다는 정보를 입수하고 그를 저격하려다 우발 사건이 벌어진 것이다.

그 사건이 한국 사회를 뒤흔들고 있을 때 서울대병원 내 좌익계열 중요 직책자가 머레이에게 말했다.

"그들이 당신도 노리고 있는 것을 알고 계세요?"

사실 머레이는 미국인도 아닌 캐나다인이어서 미 군정기 및 단독정부 수립 후 어떠한 의료행정 수장 역할도 할 수 없었다. 하지만 해방 후 한국 의학 교육과 병원 체계를 확립하는데 있어 한국 실정과 한국어에 능통한 머레이는 동대문병원, 세브란스병원, 서울대병원 등의 체계를 구축하는 데 큰 역할을 하게 된다. 이 과정에서 좌익계열 의료진들이 그의 활동을 협박했다.

'그해 여름 급성 뇌염이 나라를 강타했다. 희생자는 대부분 어린이였고 감염자의 3분의 1이 사망했다. 또 다른 3분의 1은 영구적인 뇌 손상을 입었다. …결핵은 한국에서 가장 큰 국가적 보건 문제였다. 미국 대외구제협회(CARE) 등에 구호품이 들어오고…'

그는 살해 위협과 일제강점기 의학교육을 받은 이들의 텃세에도 불구하고 경남 마산결핵요양소와 전국의 주요 고아원을 대상으로 약품 유통과 진료를 펼쳐 나갔다.

머레이는 이화여대 의대 부학장, 세브란스병원 부원장 등을 역임하면서 대한기독교여자의사회를 창설하는 등 '한국 의사'로서 근대 의학 체계를 확립했다. 또 인술을 펼치고 구료 사업에 힘썼다.

'거지의 집, 고아원, 길거리의 병들고 소외된 많은 아이가 세브란스병원 소아과에 왔다. 아이들은 결핵에 걸렸고…몇 안 되는 아이들만 요양원으로 보낼 수 있었다. 같은 병에 걸린 다른 아이는 보낼 장소를 찾는 동안 죽고 말았다.…내가 병동에 갈 때마다 기력을 회복한 아이들이 내 손을 잡으려고 뛰어왔다.'

그렇게 머레이는 세브란스병원(현 서울역 앞 세브란스빌딩 일대) 소아과 의사로 1950년을 맞았다. 이런 그가 또 한 번 한국에서 탈출해야 했다. 6·25전쟁이 발발한 것이다.

강원도 원주세브란스기독병원에서 서북쪽으로 5km 지점 원주시 호저면 만종리에는 재개발 예정의 빈집들이 흩어져 있다. 4층 높이 대명장로교회를 중심으로 슬레이트 지붕 건물의 '새마을주택'이 각기 정방형 형태로 자리한다.

마치 영화세트장 같은 이 단지는 1950년대 말 조성된 나환자촌 대명원으로 시작되어 오늘에 이른다. 1970년대까지 110세대가 주택 145동, 축사 350동을 중심으로 주거와 생산 활동을 했다. 한때 슈바이처의 제자 이일선이 구료 활동을 펼친 곳이기도 하다.

이곳에서 나환자들은 돼지, 소, 양, 닭 등을 사육해 군납 등으로 생계를 이어갔다.

옛 대명원 지구는 53만㎡에 이른다. 현재는 도시개발 사업이 진행되고 있으나 법적 문제가 실타래처럼 얽혀 진행이 더디다.

"강원도는 한국에서 가장 낙후된 지역이었어요. 다른 어느 지역보다 병원이 부족한 강원도, 특히 병원이 전혀 없는 원주에 의료사업을 시작했어요. 가보니 6·25전쟁으로 감리회에서 운영하던 유일의 선교병원이 흔적조차 없이 사라졌어요."

머레이는 1921년 가난과 병마에 신음하는 한국인에게 인술을 베풀고자 캐나다 동부 핼리팩스에서 함경도로 들어와 원산 함흥 성진 회령 등에서 환자를 돌봤던 '위대한 여정'의 인물이다.

그는 1942년 일제에 강제 출국당했다. 그리고 해방 후 다시 들어왔다. 한데 6·25전쟁으로 긴급 탈출해야 했다. 1952년 머레이는 다시 부산으로 들어와 전쟁 부상자들을 돌봤다. 그사이 머레이는 '한국 할머니'가 됐다. 전쟁고아들이 "할머니"로 불렀고, 그녀는 그 호칭을 너무 좋아

01_경천원 주민들이 자신들을 진료해준 머레이를 기억하기 위해 세운 기념비. 1960년대 사진으로 추정
02_중국 조선족자치주 도문에서 바라본 북한 두만강 변 도시 남양. 머레이는 일제강점기 간도 용정에서 병원장으로 조선 독립군들을 치료하기도 했다.

했다.

이 열정의 휴머니스트는 휴전과 함께 전후 복구가 이뤄지자, 남한의 구라(求癩) 사업에 동참했다. 환자들은 페니실린 하나에도 생명을 건질 수 있는데 이것 하나가 없어 죽어갔다. 소독제가 없어 파상풍으로 죽어갔다. 머레이에겐 참을 수 없는 슬픔이었다.

특히 전쟁으로 부모를 잃고 다친 고아에게 사랑이 깊었다. 머레이에게 너무나 아픈 현실이었다. 머레이는 캐나다 기독교계와 국제기구 등에 도움을 요청해 남한에서 병원이 없는 지역을 주목하고 강원도와 제주도를 대상으로 검토 끝에 강원도 원주에 임시 진료소라도 열기로 했다. 그것이 전쟁 직후였고 그 임시 진료소는 1959년 원주연합기독병원으로 정식 개원해 오늘의 원주세브란스기독병원이 됐다.

머레이가 천막 수준의 임시 진료소에서 환자를 돌보다 찾는 곳이 있었다. 나환자촌 경천원(대명원 전신·현 원주 단구동 일대였다)이었다.

'나환자촌, 접근금지'

'경천원, 모두를 환영합니다'

상반된 이 문구는 각기 경찰과 한센인이 내건 팻말이다. 나병이 전염된다는 인식 때문에 마을에서 추방된 이들은 공동생활을 했다.

"환자들은 국도가 보이는 공동묘지 옆에 흙벽돌집을 지어 살았어요. 뭉개진 코와 잘린 다리 등의 후유증으로 일을 할 수 없었죠. 정부의 식량 배급으로 연명했으나 턱 없이 모자랐어요. 읍내 나가 구걸을 해야했죠. 멸시와 천대가 뒤따랐고요. 설령 디아미노디페닐 설폰(DDS)이라는 약을 받았다 해도 빨리 낫고 싶은 마음에 과다 복용해 문제가 생

졌죠. 나병은 조기 발견하고 적절한 치료가 이뤄지면 완치 가능한데
도 말이죠."

　　머레이는 경천원 등을 정기적으로 들러 진료소를 열었다. 자기 발을
잘라 달라는 이에게 왜냐고 물으면 치료해도 낫지 않아 그렇다고 했
다. 더러운 붕대를 계속 쓰고 있었기 때문에 악화되는 걸 알지 못했다.

　　"제가 당신의 발을 소독해 드리겠습니다. 저를 믿고 열흘 동안 깨끗
한 붕대를 쓰세요."
　　열흘 후 환자는 걸어서 밖으로 나왔다.

　　"저 외국인 할머니가 뭔가 좀 아는 것 같아."
　　굳게 닫혔던 나환자촌 사람들의 마음 문이 열렸다. 머레이는 군부
대 등에 요청해 막사 천을 얻어 임시 요양 시설을 만들었고, 국립소록
도나병원 의학강습소 출신 의료보조원을 두었다. 그 보조원도 한때는
환자였다.

01_함흥 제혜병원 한국인 의료진. 머레이 등 캐나다 의사들에게 근대 의술을 익혔다.　　02_머레이는 해방 직후
재입국해 이대동대문병원, 서울대병원 등 병원 재건에 나섰다. 사진은 옛 이대동대문부인병원 터 표지판.

또한 머레이는 나환자 가정 어린이의 감염 방지를 위해 노력했다. 엄마가 아기를 등에 업으면 예민한 피부의 아이들이 감염됐다. 머레이는 엄마들을 설득해 마을 밖으로 격리했다. 머레이가 잘 아는 함경도 출신 월남 기독교인들이 그 아이들을 받아 주었다. 이와 함께 머레이는 배척당해 교육받지 못한 한센인 부녀자와 어린이를 위해 학교를 운영했다.

이렇게 강원 남부 나환자 치료가 계속됐다. 머레이는 감염원을 찾기 위해 태백산맥 넘어 강릉까지 추적해 들어갔다. '지씨'라는 헌신적인 안내자가 있어 여정이 계속될 수 있었다. 200여 명이 추가로 확인됐다.

"병은 귀신 때문에 생기는 것이 아닙니다."

머레이는 이동진료소를 운영하면서 이렇게 강조했다. 어느 외국인 독지가가 엑스선 장치 등 진료 시설을 갖춘 차량을 지원하기도 했다. 그 사이 병원(원주 세브란스기독병원)이 완공됐다. 하지만 간호 인력이 모자랐다. 그러자 그녀에게 학교 교육을 받은 소녀 6명이 "우리 지역에 필요한 사람이 되겠다"하고 나섰다. 이들은 훗날 간호조무원, 간호원이 되었다.

경천원에서 치료받은 이들은 비감염성 나병이었으나 냉혹한 세상은 아무도 그들을 받아 주지 않았다. 그들을 위한 새 터가 필요했다. 머레이는 서구와 한국 기독교계에 호소해 '격리와 정상 생활' 중간 단계의 마을을 조성했다. 그것이 대명원이었다.

머레이, 의대 남자 동기생이 전장에서 죽자…

머레이는 시골 교회 목사의 딸이었다. 총명했던 그녀는 아버지를 따라 목사가 되어 헌신적 삶을 살고 싶었으나 보수적 캐나다 기독교장로회가 여성에게는 목사 직분을 허용하지 않았다. 머레이는 주도(州都) 핼리팩스 달하우지의과대학으로 진학, 봉사와 헌신의 삶을 살고자 했다.

그가 의대 1년생인 1914년 제1차 세계대전이 발발해 참전한 의대 남자 동기생이 프랑스 전선의 참호에서 죽었다. 이 소식을 들은 그녀는 춤과 오락, 산책과 영화 관람을 끊었다. 적십자사 사업을 돕는 것으로 대신했다.

또 1917년 의대 4년 때 핼리팩스 항만에서 군수물자 수송선이 폭발해 사상자 2000명, 부상자 1만여 명이 발생했다. 머레이는 현장에 투입됐다. 게다가 이듬해 지금의 코로나19와 같은 '스페인 독감'이라는 전염병이 돌았다. 이번엔 공중위생의로 투입됐다.

01_지금의 원주세브란스기독병원. 머레이 등이 한국전쟁 직후 진료소로 시작했던 곳이다.
02_원주세브란스기독병원 내 의사 머레이 기념비. 애초 나환자촌 경천원에 있었으나 그곳이 개발되면서 병원 구내로 옮겼다.   03_원주 대명원 터의 현재. 경천원 등과 함께 1950~60년대 머레이가 순회 진료 다니던 곳이다.   04_일제강점기 머레이가 진료소를 두었던 두만강 국경도시 회령. 간도 연길·용정으로 가는 길목이었다.

6·25전쟁 발발 또 한 번의 한국 탈출

"모든 외국 여성은 15분 내 한국을 떠나라."

1950년 6월 26일 새벽. 서울 충정로 숙소에서 '미군 방송'을 들으며 전황을 듣던 머레이, 그와 함께하던 간호사 아다와 불라 등에 이런 명령이 떨어졌다. 그들에게 오직 한 개의 가방만이 허용됐다.

그들은 긴급 탈출 지침에 따라 육군기지창을 거쳐 부평(인천) 미군부대~인천 부두로 이동했다. 그리고 노르웨이 선적 화물선 라인홀트호에 승선했다. 비료 선적 배였다.

그 배에는 외국인 여성 피난민만 650여 명이었다. '레이디 퍼스트'가 적용됐다. 유일한 의사는 머레이였다. 산모 3명과 아기 50명이 승선했다.

'공산군이 어디에 있는지 어디까지 진격하고 점령했는지 혹 언제 그들의 비행기가 와서 폭탄을 떨어뜨릴지 우리 중에 아무도 알지 못했다.…내 생각은 한국에 돌아가 있었다. 지금 어떤 일이 일어나고 있으며 우리와 같이 탈출할 수 있는 행운도 없고 탈출할 곳도 없는 한국인들의 운명은 어떻게 될 것인가.'

머레이는 울며 고향으로 돌아갔다. 그런데 지독히 한국인을 사랑한 이 여의사는 다시 돌아온다. 1951년 10월 피난 도시 부산으로 들어와 홍남 대탈출에 성공해 부산과 거제도 등지로 들어온 함경도 피난민들과 극적 해후를 한다.

플로렌스 머레이 연보

1894 캐나다 노바스코샤 출신

1919 캐나다 핼리팩스 달하우지 의대 졸업

1921 조선 함흥 등지서 인술 활동

1922 만주 용정 제창병원장

1923 함흥 제혜병원장

1928 한국 최초 결핵요양소 개소

1929 간호학교 설립

1942 일제에 의해 강제 본국 송환

1947 이화여대 부학장

1950 6·25전쟁으로 탈출(캐나다행)

1952 부산으로 재입국 거제포로수용소 등에서 진료

1953 세브란스병원 부원장

1959 원주연합기독병원 창립

1961 정년 귀국

1962 구라선교회 초청으로 재입국

1969 한국 떠남

1975 캐나다 핼리팩스에서 별세

조선 청년 독립운동가 살린 군의 맨스필드

토머스 맨스필드
(재한 1920~1926)

조선말과 개화기 조선에 들어온 서양 의사는 인술을 펼치는 본연의 일 외에도 계몽가, 사회사업가, 교육자, 건축가, 선교사, 보건위생 및 방역전문가 등으로서 다양한 일을 했다. 나아가 약소민족을 돕는 인권운동가이기도 했다.

조선에 온 서양 의사 가운데 올리버 에비슨은 '대한민국 정부 독립장'(1953년)을 받았고 이외에도 수많은 외국인 의사가 우리 정부로부터 공로를 인정받았다. 따라서 근대 의학 형성 과정에서 서양 의사의 역할은 의사라기보다 사회 전반을 이끌었던 지도자라고 할 수 있다. '선생'으로 불리는 것이 적절했다.

지금의 서울 서대문구 경기대학교 서울캠퍼스 담을 끼고 일제강점기 건축된 고풍스러운 근대건축물이 눈길을 끈다. 한국기독교장로회 서대문선교회관으로 사용되는 조적조 기와지붕 2층 건물이다.

1933년 경성시가도를 보면 이 건물 외에 2동의 건물이 더 있었다. 이 건물을 지은 이는 의사 토머스 맨스필드(생몰년 미상)이다. 한국명 만수필(万秀弼), '1만 가지 일을 뛰어나게 돕는다'라는 이름답게 실제 그렇게 살았다. 그는 세브란스병원 부원장과 세브란스연합의학전문학교 부원장을 역임했다.

1919년 3월 10일 함경북도 성진.

애국청년 배민수(1987~1968·독립운동가)가 함북 공업 도시이자 개화 도시인 성진(현 김책시)에서 "대한독립만세"를 외치다가 일경에게 체포 됐다.

그는 불과 두 달 전 항일 무장투쟁 조직 '대한국민회' 사건으로 체포 되어 평양 감옥에서 수개월간의 옥살이를 한 뒤 석방됐었다. 모진 고 문을 이겨낸 투사였다. 그는 김형직(김일성의 아버지)과 평양 숭의전문 학교 동기로 같이 '대한국민회' 사건으로 같이 수감됐었다.

성진 3·1만세운동은 강학린(1885~1937·독립운동가) 목사가 수천 명의 군중 앞에서 태극기를 들고 "대한독립 만세"를 외치는 것을 신호로 일 제히 함성을 높였다. 그때 배민수는 시위 대를 이끌고 성진경찰서 일경과 제일선에 서 맞섰다. 그 대치 장소가 성진 제동병원 앞이었다.

"…경찰과 헌병대가 총검을 들고 우리 를 밀어붙였다. … 그들은 병원 위쪽으로 우리를 몰았다. … 나는 어떠한 일이 있어 도 움직이지 않을 작정이었다. 도망가는 것이 수치스러운 일이라고 생각했다. … 거리는 온통 피바다였다. 나는 닭장 속에 몸을 숨겼다."

01_독립운동가 겸 농촌계몽운동가 배민수. 군의 맨스필드가 구출한 청 년이었다.

그는 체포를 모면했으나 어머니 장희운(1886~1945)이 현장에서 체포되자 이튿날 연행에 응했다. 어머니와 아들은 같이 성진 유치장에 수감됐다. 배민수가 체포되자 장희운은 풀려났다.

며칠 후 배민수는 성진경찰서장실로 호출됐다. 거기에 갈색 장화와 군모를 쓴 미군 군의관이 서장과 멋쩍게 마주하고 있었다. 맨스필드였다.

그는 성진 북쪽 러시아 접경 도시 블라디보스토크에서 급하게 내려왔다. 성진 제동병원 의사들과 캐나다 기독교장로회 성진스테이션 선교사들이 SOS를 쳤기 때문이었다. 선교부는 맨스필드에게 환자 치료

01_일제강점기 함북 성진의 의사 그리어슨(1868~1965) 사택에서 포즈를 취한 조선 청년들. 배민수를 비롯해 시인 윤동주, 문익환 목사 등이 캐나다 출신 의사 그리어슨, 맨스필드 등의 교육과 지원으로 근현대사의 인물로 성장한다.　　02_서울 충정로 맨스필드 사택. 6.25전쟁 때 전시병원으로 사용됐다.　　03_사진의 도로 오른쪽 일대가 일제강점기 세브란스병원과 세브란스연합의학전문학교 터이다. 맨스필드는 세브란스의전에서 해부학을 가르쳤다.

보다는 수감된 조선인 석방 협상을 요청했다.

"…누구나 자유를 원하며 노예처럼 억압받고 있는 사람들이 구속으로부터 풀려나길 바란다고 생각합니다."

맨스필드의 얘기에도 서장은 서양 의사나 선교사들이 만세운동을 배후 조종하고 있는지를 파악하려 했다. 한편 감옥 안에서는 모든 죄수가 매를 맞으며 이 같은 심문을 받았다.

"누가 너희를 선동했지? 그 서양 의사들과 선교사들 아닌가."

그때 맨스필드와 일경 서장과의 대화는 배민수가 통역했다. 사실 맨스필드는 한국말을 잘했으나 모르는 척 연기했다.

"당신이 여기에 있는 배민수 등을 비롯한 수감자들에게 잘 대우해 주리라 믿습니다. 우리가 우리의 조국을 사랑하듯이 그들도 그들의 조국을 사랑하는 겁니다. 그것이 당연한 일 아닙니까?"

1920년 7월 10일.
배민수는 맨스필드와 서양 의사들의 구명운동과 재판 지원으로 1년

01_연세대 삼애캠퍼스(경기도 고양). 맨스필드 등의 영향으로 농촌계몽운동가로 성장한 배민수가 농업기술학교를 세워 운영하다 말년 연세대에 기증한 학교 부지다.   02_배민수. 대전 및 고양에서 농촌계몽운동을 펼치고 전 재산을 교육용으로 기부했다.

4개월을 복역하고 함흥교도소를 출감했다. 그가 성진 유치장에 수감 됐을 때 시위 중 목에 큰 상처를 입은 20대 청년이 일본인 수련의로부 터 수술을 받았는데 그 수련의가 수감 환자의 동맥을 잘못 끊어 죽게 한 의료 사고에 강력하게 항의하며 농성을 벌이기도 했다.

성진 시위자 30여 명은 서울로 이감되어 재판받았다. 세브란스연합 의학전문학교 해부학 교수로 활동하던 맨스필드 등이 백방으로 뛰어 그들의 재판을 도왔다.

그 당시 배민수는 일제에 중범죄자였다. 항일무장투쟁 혐의로 출옥 한 지 2개월 만에 시위 혐의로 체포됐기 때문이다. 캐나다장로회 소속 의사 맨스필드 등의 구명 활동이 아니었으면 처형될 위기였다.

맨스필드 서대문 집 6·25전쟁 때 '군 임시병원'

'서대문선교회관'은 맨스필드가 건축주가 되어 서울역 앞 세브란스

01_함경도 성진 제동병원 의료진과 의사 그리어슨(앞줄 가운데). 세브란스의전 교수 맨스필드가 순회 진료하던 병원이기도 하다.

병원 직원 숙소 및 학생 기숙사 등으로 사용됐다. 1920년대는 맨스필드가 배민수와 같은 조선 청년들을 도우며 세브란스병원 사택으로 쓰기도 했다.

일제 말 맨스필드를 비롯한 서양 의사들이 강제 추방됐다. 해방 후 미군정청 군무원 숙소와 재입국한 캐나다 기독교장로회 선교부 선교사 숙소로 사용됐다. 6·25전쟁과 전쟁 직후 진료소 성격의 전시 임시 병원으로 활용되기도 했다.

한편 맨스필드는 세브란스병원에 근무할 때 서대문 자택을 나와 서울역 앞 병원까지 걸어 다녔는데 이에 착안해 서대문구청 등이 그 일대 근대문화재를 대상으로 한 '만수필 박사의 퇴근길'이라는 프로그램을 운영하기도 했다.

〈참고 도서〉

연세대학교 의과대학 의사학과(2019), 『세브란스 선교사 편람』, 역사공간

플로렌스 J. 머레이(2005), 『리턴 투 코리아』, 대한기독교서회

플로렌스 J. 머레이(2009), 『내가 사랑한 조선』, 두란노

양창삼(2012), 『조선을 섬긴 행복』, Serving the People

일신기독병원 총동문회(2012), 『매견시家의 딸들』, 도서출판 글꼴

헬렌 매견시(2006), 『호주 선교사 매견시의 발자취』 대한기독교서회

옥성득(2011), 『한국간호역사자료집 1~2』, 대한간호협회

옥성득(2009), 『한반도 대부흥』, 홍성사

김용학(2018), 『The Korea, The Call of Yonsei』, 연세대학교 박물관

박윤재(2005), 『한국 근대의학의 기원』, 도서출판 혜안

학교법인 인제학원(1999), 『선각자 백인제』, 창작과비평사

김재준(1983), 『범용기』, 도서출판 풀빛

이일선(1954), 『슈바이처의 생애와 사상』, 사상계사

이일선(1956), 『이상촌』, 농촌문화사

김평일(2013), 『일하기 싫으면 먹지도 말라』, 가나안문화사

배요한(2022), 『등에는 십자가 입에는 노래』, 대한기독교서회

이사오 다카하시(1977), 『이일선전 출판자료 수집록』, 일본 슈바이처재단

지강유철(2015), 『장기려, 그 사람』, 홍성사

마르다 헌트리(2009), 『새로운 시작을 위하여』, 쿰란출판사

송상석(1934), 『기독교조선선교50주년역사화보』, 평양신학교

전용섭(1989), 『사도행전 29장』, 성문출판사

현봉학(2017), 『현봉학』, 북코리아

김구(1971), 『백범일지』, 백범김구선생기념사업협회

림영철(2009), 『가나안 이상촌 운동』, 재단법인 일가재단

선우훈(1955), 『민족의 수난』, 애국동지회 서울지회

김승태(2006), 『한말·일제강점기 선교사 연구』, 한국기독교역사연구소

도리스 그리어슨(2014), 『조선을 향한 머나먼 여정』, 한신대학교 출판부

이사벨라 버드 비숍(1994), 『한국과 그 이웃 나라들』, 도서출판 살림

최태영(2019), 『나의 근대사 회고』, 눈빛

로제타 홀(2015), 『로제타 홀 일기 1~6』, 홍성사

서우드 홀(2005), 『닥터 홀의 조선회상』, 좋은씨앗

매티 윌콕스 노블(2010), 『노블일지』, 이마고

슈바이처 제자 이일선과 인술의 실천가들

초판 발행 2024년 8월 6일

글사진 · 전정희
발행인 · 한은희
편　집 · 조혜련

펴낸곳 · 책봄출판사
주　소 · 경기도 고양시 덕양구 통일로 1276-8 (킹스빌타운 208동 301호)
　　　　　서울 중구 새문안로 32 동양빌딩 5층 (디자인 사무실)
전　화 · (010) 6353-0224
블로그 · https://blog.naver.com/anjh1123
이메일 · anjh1123@nate.com
등　록 · 2019년 10월 7일 제2019-0000156호

ISBN 979-11-980493-8-4 03910

· 책값은 뒤표지에 있습니다.